「你会教，孩子就自觉」

著名方法学家培养
"自觉型孩子"的秘诀

吴甘霖 著

人民东方出版传媒
东方出版社

吴甘霖与吴牧天父子

吴甘霖走进众多学校教孩子如何学会
自我管理

吴甘霖应邀在各地开展"如何培养自觉型孩子"讲座

中央电视台新闻频道采访报道吴甘霖培养
自觉型孩子经验

吴甘霖应邀在江西首届家教论坛分享
教子经验

吴甘霖受中国移动邀请，
为"百万天使成长计划"
授课

吴甘霖讲完"如何成为自觉型孩子"
后与学生们在一起

吴甘霖的作品深受读者欢迎

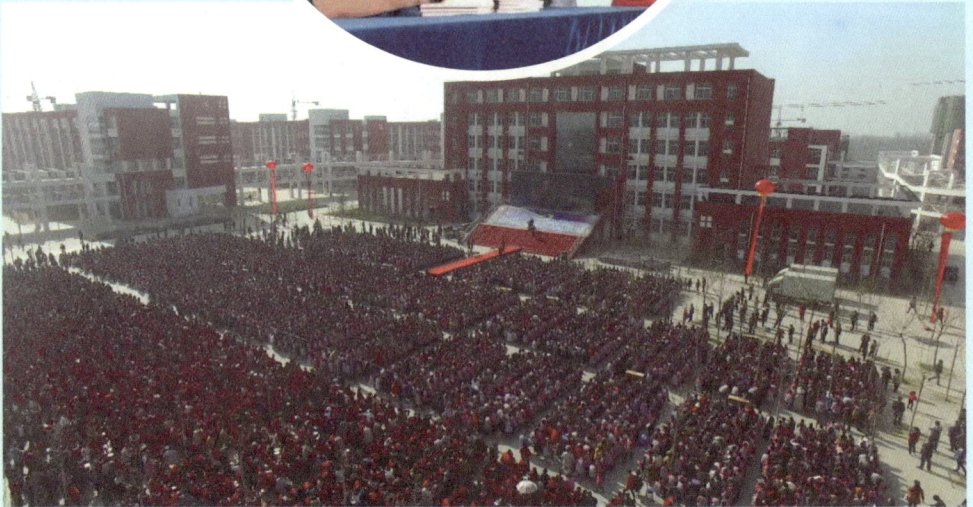

吴甘霖应邀在教育名城衡水市进行万人讲座的壮观场面

你的孩子能自觉

这是一本以亲身经历分享如何将自己的孩子从"调皮王"培养为"自觉型孩子"的作品。我希望读者通过阅读这本书，也能得出以下两个结论。

第一，培养"自觉型孩子"，是家长和老师最重要的工作。孩子一自觉，你就能省心；孩子一自觉，你就能解放。

第二，孩子的自觉性，是可以培养出来的。掌握有关教育理念与方法，你教育的孩子同样能自觉。

多年以前，我也和许多家长一样，希望孩子的未来幸福而自由，所以孩子刚出生，就给他起了一个格外自由而浪漫的名字——吴牧天。在教育孩子方面，也采取了放任式的教育。结果，过度的自由导致了一系列的问题：学习不够自觉，经常拖着不做作业看动画片，甚至连简单的个人卫生也做不好，而且处理不好同学关系，打得全班同学没人敢靠近他。事实让我警醒：过度的放任与宠爱，不仅不能成就孩子，反倒会害了孩子！但是，假如要以催和逼的方式，尤其是打骂的方式来教育孩子，也存在很大问题。

幸运的是，我当时是中国青年报的记者，采访过联合国教科文组织21世纪教育委员会的一位委员，并研究了中外一些教育名家和优秀家长的教子经验，终于找到了一条能够让孩子"自我管理"的新路，其具体的做法就是充分地激发孩子的自觉精神，让孩子"不要别人逼，我就能做好。"这条路很快让我们看到了牧天的变化和进步，他开始学会对自己负责和对别人负责。

和许多孩子一样，牧天的成长之路并没有那么一帆风顺，有时还要走弯路甚至栽跟头。

说实话，许多孩子在成长过程中让家长操心的问题，在我的孩子身上一样也没有落下。但是，由于坚定了对自我管理的信念，哪怕出现最让人烦恼、最让人无力解决的问题，作为父母我们也不改初衷，不断去寻找经验和方法，使问题都得到了解决。而牧天也成了越来越不用我们操心的孩子，并成为众多媒体报道的"自主管理明星"：

他不仅相继考上省城著名中学、美国重点大学——被誉为"美国航天航空之母"的普渡大学，而且各方面都得以全面发展。他还在高考那一年写出30多万字的自我管理日记，写作出版了《管好自己就能飞》《自觉可以练出来》《做成长的主人》等自主管理作品，总发行量达一百多万册，并激发全国几十万学生的"自我负责，自我管理"热……

真是"自觉不自觉，相差一百倍"啊！

我清楚地记得，当牧天的书出版后引起强烈反响，中央电视台新闻频道采访了我，我提出：

"家长们一定要明白一个道理：你也许可以给孩子提供天空，但是你提供不了他腾飞的翅膀；你也许可以给孩子提供道路，但是提供不了他奔跑的双腿，孩子必须学会自我管理、自觉成长！"

让我格外欣喜和感动的是，我提出的这个理念，以及有关自我管理的方法，得到了许多亲子教育专家和权威人士的肯定。"知心姐姐"卢勤，不仅在多个研讨会上对自我管理进行了肯定，而且称赞我们教育孩子的方法，让人"记得住、用得上"；青少年专家孙云晓老师，在没有见过吴牧天的情况下就在不少场合对他大加赞扬，还为他的书写推荐序，称赞我所进行的自我管理教育，为中国家教探索提供了新经验。中国关心下一代工作委员会副秘书长李启明也曾说："实现中国梦，就要让孩子们树立这种自我负责、自我管理的精神。"

同样让我感动的是，不少有名的家教论坛，纷纷邀请我进行有关讲座。在教育名城衡水，著名的信都中学邀请我开设了两场各有13000人的讲座，老师、家长、学生一起出席。校长卢红伟告诉我：自主管理是教育部提倡的未来教育的方向，该校在进行有关试点，把自我管理的经验进行有效的应用。此外，江苏省镇江市、重庆市大足区、河北省正定县的教育局，还组织校长、班主任代表，让我去开设"如何让学生学会自我管理""如何培养自觉型孩子"等讲座……

不少领导、老师和家长都建议我把自我管理方面的探索写成书出版。为了响应这份热情的呼唤，《你会教，孩子就自觉》一书诞生了。

在写作此书的过程中，我希望将"有趣"与"有用"相结合：一方面，讲述教育儿子以及他如何转变的生动故事；另一方面，又为孩子从不自觉到自觉转变的过程中遇到的问题，提供了多种解决方案。如"教育孩子的四重境界"、有效教子的九字方针（"听得进，记得住，用得上"）、有效批评的"三明治"方针，以及"自由的代价是自律"等培养孩子积极向上和养成自觉习惯的做法。

我深知：在成长教育方面，无论家庭还是学校，都存在讲"道理"太多、讲方法太少的问题。希望我们从实践中摸索出来的这些具体方法，能给父母和老师们提供有效的借鉴和帮助。

需要说明的是，这本书虽然写了很多我在教育孩子方面的理念和方法，但孩子的成长与妈妈的教育、爷爷奶奶、外公外婆、其他亲人以及老师的教育分不开。书中的内容，实际上体现了大家对培养"自觉型孩子"的共同追求和共同智慧。

在本书即将出版之际，我收到一些校长与班主任关于新冠疫情期间学生上网课的反馈。此时，比以往更清晰地让人看到：孩子自觉不自觉，真的区别太大。自觉的学生，学习照样抓得紧；不自觉的学生，往往敷衍和拖延，结果辜负了老师与父母的期望，也耽误了自己。这些校长和班主任也呼吁家长和老师们，把培养"自觉型孩子"和"自觉型学生"，作为格外重要的工作来抓。

我希望这本书，能不辜负大家的期望。

让我们一起来探索如何培养"自觉型孩子"吧。

管孩子不如让孩子学会管自己。

千般逼万般宠，不如孩子自己懂。

掌握好方法，你的孩子也一定会自觉！

吴甘霖

2020 年 6 月于北京

第一篇

重视价值：
孩子一自觉，你就能解放

第二篇

更新观念：
管孩子不如让孩子学会管理自己

第三篇

改善技巧：
方法越到位，孩子越自觉

第四篇

全面应用：
如何让孩子处处自觉

第一篇

重视价值：

孩子一自觉，

你就能解放

Chapter

内容提要

如何培养孩子，可以从多方面努力。但是，最有效的方法，就是把他培养成自觉型孩子。

家里有了自觉型孩子，父母不需要去逼，不需要去问，孩子自己就能做好。一句话，孩子一自觉，家长就解放。

当家长开始学会培养自觉型孩子，就抓住了教好孩子的根本，就能走出教子吃力不讨好的误区，达到四两拨千斤的教育效果。

第一章　　有个自觉型孩子，是种奇妙的体验

第二章　　把调皮王培养为自觉型孩子

第三章　　主动不主动，相差一百倍

第一章

有个自觉型孩子，是种奇妙的体验

没有哪个家长愿意自己的孩子被别人绑架，但当这样的小概率事件真的发生在我家，而儿子竟然凭借自己的机智和勇敢逃脱，我深深地感谢从小对他进行自我管理教育的决定。

从写作业不断要催促还依然磨蹭的孩子，到学习和生活都"不用扬鞭自奋蹄"；从自己的事情都做不好，到不仅对自己负责，还对别人负责；从"调皮王"到影响成千上万青少年学生的"自主管理明星"……发生在我儿子身上的这一切，让我体验到：

家里有个"自觉型孩子"，真是一件值得欣慰和幸福的事情。

1. 遭遇绑架都能逃脱——了不起的自我管理

与自己的儿子一起作为嘉宾，做电视专题节目时，是一种十分幸福的体验。我有幸几次享受了这样的待遇。

一次，当我们一起在江苏教育电视台做节目，著名主持人陈琼对我儿子吴牧天进行介绍，她的一句话瞬间引起了我强烈的共鸣："站在观众面前的这位充满朝气的嘉宾，是一个什么样的孩子呢？可以用一句话来总结：这是一个父母把他放到世界上任何一个角落，都能够完全放心的孩子！"

是啊，有几个孩子能不让父母操心？有哪个孩子能轻易让父母放心？几乎每个父母都有教子焦虑，都担心自己的孩子受人欺负、受到伤害，等等。

能让父母放心，的确是一件不容易做到的事情。

从我儿子小时候开始，我就对他各种不放心，他遇到的问题也不少。但幸运的是，通过对孩子进行自我管理的教育，他真的做到了越来越不让父母操心。我先分享一个牧天遭遇绑架后及时逃脱的故事吧！

那时，我在北京工作。牧天在老家湖南长沙的麓山国际学校上中学。星期一至星期五，他在学校住。星期五下午回长沙的家，星期天晚上再回学校。

有一个星期五的下午，放学后，牧天和一个同学到长沙一家商场买东西。同学买完东西后，先回家了。当牧天正要走出商场大门时，突然听到一个很热情的声音："同学，同学！请稍等一下。"

他回头一看，只见一个高个子青年正向自己走来。他问："是你叫我吗？"那个青年望着牧天身上的校服，笑眯眯地说："是的，请问你是麓山国际学校的学生吧？"听对方这样问，牧天就点了点头："是的，请问你找我有什么事情吗？"那青年说："我很想了解一下你们学校里的一些情况，可不可以告诉我？"牧天答应了，说："我们一边走一边交流吧？"

两人一边交流一边等出租车。等了一刻多钟都没有等到出租车。牧天一个星期没回家，已经归心似箭了，加上天气很冷，不由得有点儿着急起来。那个青年注意到了这一点，诱导他说："现在是下班时间，不好等出租车，加上今天很冷，打车的人比平常多。我前天也在这儿等车，等了一个多小时还没有来呢！"听他一说，牧天更焦急了："那你后来什么时候打到的出租车？"那青年说："我是穿过前面那个小巷子在那边打到的。我们要不要一起去那边打车呢？"

牧天感觉越来越冷，满脑子都是早点儿回家的念头。于是，跟随那个人进了小巷。走进巷子后，牧天发现人越来越少，到后来一个人也没有了。这时他感到有点儿不对劲，正想与那个人拉开距离时，说时迟，那时快，那人用一只手紧紧扣住牧天的肩膀，另一只手拿着一把匕首对着他的腰部，恶狠狠地说："老实一点儿，跟我走，不然有你好看！"

一个十多岁的学生做梦都想不到会遇到这种状况，牧天下意识地掐了掐自己的手指，手指很疼！他这才确定：自己是被绑架了！

牧天先是十分恐惧，接着就开始后悔：为什么没有听以前大人讲过的不要跟陌生人走的话呢？此时他最大的期望：要是爸爸妈妈出现该多好，要是自己那个同学没有走远、正好看到自己被绑架该多好！或者，哪怕有一个陌生人发现了眼前这一幕，大喝一声，也可让自己趁机逃掉。但是，期望的这一切都没有发生。

就在他最慌张的时候，他突然想起了小学毕业那一年，我对他讲起清华大学的校训"自强不息，厚德载物"时说过的一句话："孩子，尽管你现在还小，但是你记住：总有一天你得学会自己去面对问题、解决问题。也就是说，在没有别人帮助的情况下，自己将问题解决掉。"他突然感悟："是啊，爸爸说得真对，现在就到了没有人帮助我的时刻，我得学会自己解决。"

接着，他又想起我让他记住的一句话："要管好事情，先管好心情。"以及他妈妈常讲的一句话："不管遇到什么情况，第一时间要冷静！"他深吸一口气，强迫自己镇静下来。接着，他的脑袋开始飞速旋转，闪过三套方案。

第一，硬拼。但马上被否定了。对方比他高出半头，而且身体壮得多，自己绝不是对手！

第二，大声呼救。也不行！说不定还会挨一刀！

第三，跟他走下去，后果不堪设想。

他得出结论：自己唯一能做的，就是一方面把坏蛋稳住，让他不伤害自己，另一方面找机会赶快逃脱。

当走出小巷的那一瞬间，他想到了方法。眼前有一家饭馆，里面有不少人在吃饭，正好有服务员端着菜从门口经过。在靠近饭店的一刹那，牧天猛地一弯腰，箭一般地冲进饭店。他没有喊"救命"，而是把一个服务员手中端的两盘菜打翻到地上。服务员一声尖叫，所有人的目光刷地一下冲着服务员的方向扫了过来。他还嫌动静不够，干脆把桌上的两摞碗，都打翻在地。如果说前面打翻服务员手中的菜是不小心，那么掀翻两摞碗就是有意捣乱了。饭店工作人员立即将这个"破坏分子"围住并抓到后面的经理室。

饭店外面的歹徒看到这个场面，知道自己的计谋不可能再得逞了，于是灰溜溜地走了。

这时，牧天才长嘘了口气，然后，向经理解释了整件事的经过，并答应叫妈妈来赔钱。

一会儿，他妈妈来了，警察也来了。听完牧天的讲述，在场的人都佩服不已。是啊，这个15岁的孩子，竟然连一声"救命"都没有喊，就这么从绑匪手中逃脱了，而且毫发无损！

之后，他回到长沙的家中。晚上，当他将这个过程告诉我时，我怎么也不敢相信，绑架这样的事情，竟然会发生在我儿子身上。但是，看到他凭着自己的力量，安然脱险，我心中又忍不住格外高兴，并为有这样的儿子而感到自豪。

他对我说："爸爸，我现在要格外感谢您，让我学会自我管理。说实话，以前您要求我进行自我管理时，我常常有抵触情绪，但现在我明白了，越早学会自我管理，就越能够战胜困难、掌控自己的命运！"

后来，牧天根据自己成长的经历，写作出版了《管好自己就能飞》一书。

当他回国，应邀为全国各地的青少年学生进行自我管理讲座时，总会讲到这个故事。牧天总结了两点：

第一，这固然是讲述了一个凭借机智和勇敢去战胜绑匪的故事，但更是一个随着年龄的增长，我们不得不开始独自面对人生的故事。父母再爱我们，老师再关心我们，也无法代替我们去生活和成长，我们的路得自己走，我们的命运从根本上要靠自己去承担！

第二，能做到这点，全在于平时我在爸爸妈妈的引导下，逐步养成自我管理的习惯。其中最重要的一点，就是总要逼着自己独自去面对问题、解决问题！

这个遭遇绑架机智逃脱的故事，后来还有一个非常有意思的"续篇"。我们对孩子进行的自我管理教育，与教育部倡导的"自主管理是教育改革的方向"的理念不谋而合。教育名城衡水市的信都中学是一所很有影响力的学校，校长卢红伟在校内进行自主管理教育改革，向广大学生推荐了《管好自己就能飞》，让大家好好学习。

几年后的"世界读书日"，该校邀请我开展了两场有家长和学生共同参与的万人讲座。当我讲了十多分钟时，一个名叫许义豪的学生与他的父亲许占信，要求登台发言，他们向大家分享了一段同样传奇的经历。

巧合的是，许义豪读完《管好自己就能飞》没多久，他爸爸许占信也被绑架了！

那一天，他在一个很少有人去的湖边钓鱼。没有想到，几个人趁他不留神，一拥而上，用胶带把他的手绑住。当时天色已暗，他一下慌了，意识到自己有生命危险。他突然想起了儿子向他分享的《管好自己就能飞》中作者遭遇绑架时机智逃脱的故事。他突然有了信心：一个孩子遭遇绑架都能逃掉，自己也没问题。于是，他一方面态度诚恳，对方要拿什么就拿什么，只求不要伤害自己，另一方面将绑住手的胶带偷偷解开。恰巧在这时，远处有人经过，他大喊一声"救命"。趁着坏人们一慌神，他猛然跳到湖中潜水逃走。

这对父子分享完自己的故事，对吴牧天表达了衷心的感谢，同时也再三与台下的同学们分享自己的心得："学会自我负责，自我管理，不仅对孩子，对大人也有帮助，我们希望更多的学生爱上自我管理。"

《中国新闻周刊》等媒体，还根据这段故事，发表了主题为"'世界读书日'读一本书，救爸爸一命"的新闻。儿子的自我管理实践，不仅让自己受益，还影响了别人，我甚感欣慰。

后来，牧天还遇到不少其他事情：比他大的孩子敲诈他，他自己想办法解决；十多岁独自去美国上高三，要如何尽快适应新环境；遇到一个格外刁难自己的地区代表，他把她变成了朋友；在过境加拿大时遇到一个态度十分恶劣的保安，要把他遣还美国，他想办法安然回到自己的国家……

回顾牧天走过的路程，我真的感慨，当孩子培养了自觉精神和自我管理能力，爸爸妈妈就一定可以越来越对孩子放心了。

2. 不要你去逼，孩子就做好；不要你去问，孩子早做好

作为家长，你对孩子最窝火的行为是什么？

可能大多数家长的答案都是："什么事情都要我去催、去逼，但即使是催和逼，他都没办法做好。"

前一段时期，网上有个帖子十分火："不做作业母慈子孝，一做作业鸡飞狗跳。"帖子下面的跟帖量大得惊人，许多家长都以亲身经历分享自己催逼孩子做作业的苦恼。有一个家长，一方面不得不督促孩子做作业，另一方面又怕自己忍不住打孩子，于是就把自己的手捆起来。

时刻要别人逼，这恐怕是当今许多孩子共有的现象，也是许多父母最揪心的问题之一：做作业要人逼，早起上学要人逼，甚至吃饭也要人逼。

我在安徽合肥讲课时，一位30多岁的妈妈告诉我，她每天下午五点半下班，从五点就开始心神不宁了。下班时间一到，她就赶紧回家，去盯着孩子做作业。如果不及时赶回家，孩子肯定不是在看电视就是在上网。这位妈妈沉重地说："盯住他才能做得好一点儿，不盯着就不做作业，或者即使做了也要打个折扣，这样的日子何时是个头儿啊？"

实际上，我的孩子小的时候学习时也不自觉。拖着不做作业，很晚还在看动画片是常见的现象，高一时还因为迷上网络游戏，成绩从班级前列一路跌到了班上倒数第三名。但是，我们以自觉精神和自我管理能力为核心，采取了多种方法，让他从需要人逼迫，转为自发的学习（详见第二章"把调皮王培养为

自觉型孩子"和第十章"自觉学习：从'要我学'到'我要学'"）。

那么，这样做有什么效果呢？牧天做家庭作业，往往是回家15分钟之内就开始，而且不间断做完。高三的时候，他作为优秀学生去美国学习，并考上了被誉为"美国航天航空之母"的普渡大学。在这个过程中，我们体验到他的学习成了我们最不操心的事情。

且看他高三在美国作为交流生时，如何自觉学习的吧，下面是他的一则日记。

关键词　拒绝诱惑的最佳方式，就是远离诱惑

今天作业比较多，所以一吃完饭，我就回房埋头苦干。大概在八点钟时，寄宿家庭几个孩子欢呼着，跑来叫我去看电视，因为一会儿就要播放星战系列电影的最后一部。

我心中大喜，因为这部电影，我很久之前就想看，但是一直没看成。

刚站起身我又坐下了。因为要考大学，我还得抓紧时间复习SAT。我说："实在不好意思，我今晚没办法跟你们一起看电影，我实在太忙了。"

三个孩子去看电影了。没多久，我就听到他们看电影时不时发出的欢呼声。大约40分钟后，他们又进来了，不断劝我："太好看了，一起来看吧。你看10分钟再回来怎么样？耽误不了你多长时间。"

我又动心了，但我一咬牙，还是坚持说不去了。虽然没看到电影觉得很可惜，但是我做完了功课，并且还留下一点儿时间复习SAT，感觉还是很充实和

高兴的。

在面对诱惑的时候，我选择了说"不"。我曾经因为抵挡不了诱惑，迷上网络游戏导致成绩一落千丈，所以再也不能向诱惑投降。

拒绝诱惑最好的方式，就是远离诱惑！

当时，牧天住在一个寄宿家庭里，我最大的隐忧之一，就是怕他缺乏自律而不能好好学习，看了他这篇日记，放心了很多。

不仅如此，在学习上他还喜欢自我加码：

有一次，英文老师发了查尔斯·狄更斯的小说《圣诞颂歌》的问卷，作为周末作业布置给大家。问卷上的题目不仅多，而且很细。因为牧天当时刚到美国，单词量还不够多，所以阅读全英文的小说还有点儿困难。但是，他持着认真的态度，花了比同学多几倍的时间与精力去研究和写作。

周一上课，英文作业交上去后，老师看完他的答卷，很惊讶地问："这是你自己做的吗？"牧天回答说："是的，它花掉了我整个周末的时间！"这时，老师把他的答卷举了起来，对全班同学说："你们应该向这位来自中国的学生学习，大部分同学只回答了一页纸，而他回答了整整四页纸。他英文不如你们好，却愿意比你们花更多的时间，因此我要给他额外的分数作为奖励。"

还有一次，一堂课因为特殊原因，老师决定给孩子们放假。同学们一声欢呼，纷纷跑出去玩。但牧天不愿意出去玩，而是找到物理老师，希望老师给自己推荐更多的资料来学习。物理老师用一种很惊讶的目光看着他，然后拿出一本大学的教材给他，并且给他画了一些重点。因为他主动学习，他的物理成绩在班上一直名列前茅。他申请普渡大学的时候，物理老师还给他写了封高度评价的推荐信。在高中毕业时，物理老师还特意为他制作了一件很有意义的纪念品，说相信将来他会有更大的成就。

实际上，这种"不要别人逼，我就能做好；不要别人问，我早已做好"的做法，还体现在其他不少事情上。

在美国上高三时，从来没有学过美国历史的他，担任了历史老师的助教，而且还因为主动做好了老师没有交代的事，被老师称赞为"你是我聘任过的最好的助教"。

他这种愿意"主动吃苦，多多付出"的精神，也吸引了媒体的关注。《中国教师报》曾以"吴牧天：自找苦吃等于自找补吃"为标题，以整整一个版的篇幅，对他进行了报道。对此，他又是如何思考的呢？

他在《管好自己就能飞》一书中写下了如此感悟："我觉得，不管是小学生还是中学生，都可被分为三个层次：第一个层次，就算被人逼，还是做不好，而且还有强烈的抵触情绪；第二个层次，大部分时候，要人逼才能做好事情；第三个层次，在没有别人逼的前提下，还能够靠自觉，做得更好。毫无疑问，第三个层次的，往往是最优秀的学生。你不妨给自己定位一下，看看自己属于哪个层次，力争成为最好的学生。"

3. 不仅能对自己负责，也能对别人负责

如果你问："能不能以最通俗易懂的方式，讲述一下什么是自我管理？"

我可以用这句话来回答你："自己的事情自己做，自己的责任自己扛。"

有的家长还会问："那还有没有更高的境界呢？"

当然有，那就是负责——不仅对自己负责，还对别人负责。

看到这里，可能有的家长朋友就忍不住摇头："我家的孩子，连穿衣睡觉都要操心，上学要我们背书包，玩具要我们收拾……唉，能管好自己的事情就不错了。"

很多家长反映，当今孩子最大的问题，就是过于自我，习惯以自我为中心，不对别人有过多要求就不错了，怎么可能关心别人，更别谈对别人负责了？这些担忧都有道理，但绝对不是说孩子小，就不能在对自己负责的同时，还对别人负责。恰恰相反，假如我们培养了孩子的自觉精神与自我管理能力，很可能他虽然还小，也能给你惊喜。

实际上，牧天以前也是一个以自我为中心的孩子。记得一个很冷的冬天，放学的时候他妈妈去学校接他，他只顾着和小伙伴们踢球，不肯回家，让妈妈站在冷风中冻了一个多小时。虽然他妈妈很爱他，但他那样的表现，也让他妈妈有些伤心，不由得摇摇头，叹息着说："唉，什么时候，这孩子才能懂得体谅父母、关心父母呢？"但是，这种期望没过太久，就实现了。

从牧天小学三年级暑假开始，我正式把"自我管理"引入对他的教育中。

当谈到自我管理的标准时，就把"两个负责"作为重要的标准告诉他。他不是很理解，我们就引导他说："对自己负责，就是自己的事情要学会自己做。"

为了培养他这方面的意识和能力，我们之后，就真对他"甩手不管"了。刚开始，很多事情被他弄得一团糟：上课没带课本、忘戴红领巾等，被老师惩罚；洗了衣服忘记拿出去晾晒，在卫生间搁了三天，发霉了……他妈妈很着急，不止一次有帮他一把的冲动，但都忍住了。随着努力和坚持，情况很快就好起来了。

至于"对别人负责"，他可能更难以理解和接受，于是我进一步引导他说："做任何事情，做好自己事情的同时，不能总想着自己，还要更多考虑到别人的感受。"这是一句最普通不过的话，但他听进去了。一年后，他就做了一件让人不断称赞的事情。

放寒假了，我们让不满十岁的牧天独自坐火车，到北京和我一起过。这是他第一次来北京，也是第一次出远门。为了锻炼他，安排他独自一人前来。那天傍晚，在长沙火车站，他妈妈把他送上火车，但是没有与列车上的工作人员打招呼，也没有与车厢里的其他乘客打招呼，而是鼓励牧天不要怕。之后，她给了他一部手机，让他晚上十点睡觉前，分别给爸爸妈妈发一条短信报平安。但是，意想不到的事情发生了。到了约定的时间，他妈妈没收到他的短信，发信息也不回，电话打过去，竟然是关机！她赶紧和我联系，我听见情况，也有点儿着急了。难道出现了什么意想不到的事，或者碰上了人贩子？！

就在这时，牧天妈妈和我的手机相继响了，一条陌生号码发来的短信映入眼帘："您好！我是2次列车的乘警长，您的儿子吴牧天让我告诉您，他很好、很安全，只不过手机卡坏了，要我给您发短信，请您不要担心！我们会照顾好他的，请放心！"

我第一时间跟乘警长和牧天通了电话，一颗高悬着的心终于放下了。第二天，我在车站接到了牧天。那位乘警长也特别好，在列车到站后一直待在牧天身边。接到牧天时，我问牧天事情的经过。

牧天回答说，当发现手机卡坏了，自己有点儿慌张。后来一想：这没什么，反正明天早上爸爸会来接自己。于是，往卧铺上一躺，准备睡大觉了。但是刚躺下，就忍不住坐了起来。他突然想到："爸爸妈妈联系不上我，肯定会很着急，妈妈说不定还会睡不着觉，不行，我要立即想办法解决这个问题。"

那么该怎么办呢？借手机吧。他发现同车厢的一位阿姨不错，准备向她借，后来，他又发现另外一个爷爷更和善。但是正要走到那个爷爷跟前时，牧天又一次站到爸爸妈妈的角度考虑："如果是一个陌生人的手机，爸爸妈妈会不会以为我遇到了坏人，也许还会以为我被坏人控制了呢！那不是更让他们担心了吗？"这时候，我平时教他的"找方法的方法"的原则（详见第十一章"自觉解决问题：方法总比困难多"）起作用了。他开始思索，在火车上，找谁联系最能让爸爸妈妈彻底放心呢？对了，找警察叔叔最好。于是，他找到了乘警长。听完他的话，那位乘警长拍了拍他的肩膀，夸赞说："我在铁道上工作这么多年，很少见到像你这样的孩子，你不仅十分有头脑，而且处处为父母着想，十分懂事！"

这个故事，体现了他开始自我管理并尝到了甜头，同时，更体现了他逐渐成熟起来。后来，他小姨问他为什么能做到这点，他说："我都快十岁啦，不能只是在乎自己的感受，得多想想别人的感受啊。"

他的话让我格外高兴，说明他真把"对别人负责"落实到行动上了，长大的第一标志，就是开始关注别人的感受！尽管这只是一个考虑别人感受的举动，但是对一个还不到十岁的孩子来说，不是很不错的表现吗？假如你的孩子不到十岁就开始懂得体贴和关心别人，你是不是也会很开心呢？我对他的做法大加赞赏，之后，他做得越来越好了。

牧天决定报考美国的大学时已是3月，他已经错过了报考的黄金时间（美国的大学报考，最理想的报考时间是在12月30日前）。这该怎么办呢？

一个中国去的交流生告诉他，号称"美国航天航空之母"的普渡大学，还可以报名。牧天问这名同学如何报名，同学告诉他，可以找中介联系，说这样有两个原因：一是自己不内行，不像他们那样熟悉；二是只要交点儿钱，自己就可以少想许多事了。其实，这是许多想留学的中国孩子的普遍做法。鉴于时间已经很紧张，我们也主张去找中介。没想到，牧天坚决不同意，说要花费一大笔钱，还不一定能上理想的学校。他坚持自己申请，一方面为了省钱，另一方面更是为了锻炼自己。

说干就干，他用电话联系上普渡大学的招生办，向招生办主任介绍了自己的情况。事先他做了很多功课，一交谈，主任就发现他对普渡大学很熟悉，也很向往。与此同时，在短短的时间内，牧天不仅让对方了解到他成绩优秀，而且还强调了三点：第一，他的自主能力和自我管理能力强，尤其是十个月前，他就开始每天写作自我管理日记；第二，他从小就接受创新思维训练，并有较好的文字表达能力，在中国的《初中生优秀作文选》等发表过一些作品；第三，他有一定的领导能力，在初中时还参与过一些慈善活动。

美国的大学重视的不只是成绩，还有综合素质，所以牧天的"自我营销"很快就打动了招生办主任。该大学开始审核时间是在3月20日，结果3月27日，牧天就被录取了！这比起很多苦苦等上两三个月的人来说，算是非常快的了！

当收到通知书时，他兴奋地告诉我们："哈哈，最终申请结果既不是'推迟处理'，也不是'拒绝'，而是'录取'！我不仅可以省几万元钱，而且还真正体验了'靠自己成功'的快乐呢！其实很多事情明明自己就可以做好，为什么要花钱去请别人帮忙呢？只要自己有心去做好，那就一定可以做好！"

更有意思的是，牧天在被录取后，发现当初向他介绍的那位同学还没有被录取。牧天知道这位同学也很优秀，马上决定帮助她。他再次打电话给先前那位招生办主任，希望主任多考虑一下。招生办主任听了他的介绍，就让他转告这位同学，请她直接将个人材料写一封邮件发过去。校方一看，果然不错，也决定录取她了。

我对那位同学能主动向牧天提供信息帮助他了解普渡大学深表感谢，同时也为牧天在自己被录取后还能主动帮助同学而高兴。家长们，假如你的孩子也能这样凭自己的努力，在这样的大事上，既不要你多费心，也不要你多花钱，你是不是打心眼儿里感到欣慰？假如你的孩子，也能在把自己的事情搞定的同时，还能帮助朋友和其他人处理一些问题，你是不是也会为孩子感到自豪？

事实证明：让孩子学会对自己负责、对别人负责，不仅完全可以做到，甚至很有价值！

4. 影响成千上万青少年的自主管理明星

当开始写作《管好自己就能飞》之时，牧天只是把自己多年来自我管理的一些体会写出，认为只要能给同龄人提供一点儿参考就可以了。没有想到，这本书出版后产生了很大的影响，该书上市的第二个月，就荣登全国优秀畅销图书排行榜总榜。中央电视台新闻频道重磅报道之后，又荣获了2013年冰心儿童图书奖。这些都是让牧天开心的事，但让他同样开心的是，那些小读者受影响的小故事，也让他感受到了"做有贡献的人的价值"。

湖南汨罗城郊中学是最早开展学习《管好自己就能飞》的学校之一，该校的钟英老师说，此书对该校的学生有较大的影响，现场有一个年仅九岁的小学生听完了牧天的演讲，第二天一早，第一次不用妈妈喊、不用爸爸送，自己洗漱好就上学去了。

该书出版不久，牧天就收到一个多年没有见过的初中同学发来的照片。她买来牧天的书看得非常仔细，还在书上做了很多笔记，特意拍照发给牧天看。她还写了一封信给牧天，说牧天的书教会了她应该对自己负责，教会了她应该学会二十一天养成好习惯等。她还告诉牧天,看完书后她立即报名参加了一个博物馆实习的面试,并且下决心一口气要考过英语六级,并准备自学通过法语四级。

这本书还吸引了很多大学生和已经走上社会的青年人。2014年1月3日,牧天收到一条微博,微博发自一位名叫"kelly-短发"的大姐姐,她说:"牧天,我是你的书迷哦。你的书,我翻开第一页就舍不得放下。我大学毕业已经三年了,经历了很多挫折,时常会迷茫,但看到你的书,感到很温暖,现在工作上遇到困难第一时间就会想到你,谢谢你的书,满满地散发着正能量!"

另外,全国许多学校的青少年发起了"自我负责,自我管理"活动,往往会安排一个"学习自我管理"的宣誓环节。

该书出版后的第一个暑假,牧天从美国回来,应邀在各地开展讲座。每次讲座完,看到在蓝天数千学生举起手来,庄严宣誓要进行自我管理,他都被感动得热泪盈眶。继《管好自己就能飞》之后,牧天又连续出版了《自觉可以练出来》《做成长的主人》两本书。

牧天的自我管理探索,得到了许多专家的认可。著名的家教专家、"知心姐姐"卢勤,曾和牧天一起做电视节目,并在多个场合夸赞他的实践,曾半开玩笑地说:"现在,除了有个知心姐姐,又有个'知心弟弟'了。"著名青少年教育专家孙云晓老师,还专门为牧天的《自觉可以练出来》写序推荐。

中央电视台在新闻频道报道了《管好自己就能飞》并采访了我的教育理念。北京电视台、江苏教育电视台、湖南教育电视台更分别制作了专题。《中国青年报》、中央电台等纷纷报道"中国出现追星新现象：追明星追歌星不如追成长明星"。

让我还很难忘的一件事是，重庆市大足区、江苏省镇江市、河北省正定县等地的教育局，还专门组织校长与班主任，请我做"如何培养自觉型孩子""如何让孩子学习自我管理"的讲座。

儿子的自我管理实践，已经引起社会的强烈反响。如何培养"自觉型孩子"，也已日益成为社会不少老师、家长的共识。

第二章

把调皮王培养为自觉型孩子

不管你的孩子有多调皮、多不懂事，只要你下定决心，去探索与学习有关方法，你也能培养出"自觉型孩子"。

我的孩子以前也有很多毛病，从打人甚至打我，到迷上网络游戏，成绩一落千丈，每个阶段都有让家长烦心的事。但是因为我们学习并运用自主管理的有效方法，最终把调皮王培养成了自主管理明星。

让孩子从不服管到爱上自我管理的过程，也是任何家长都能通过努力，为孩子创造成长奇迹的过程。

1. 儿子打在我脸上的一巴掌，逼我找到教子金钥匙

像所有父母一样，我们对自己的孩子也充满了爱和期望。我的孩子还没有出生，就给他取名为"牧天"——意思是在天空中放牧，多自由，多浪漫呀。但是，由于过于放任孩子，导致孩子很不自觉，而且毛病很多。

有一次，我和他妈妈出差，最热的三伏天里他居然一星期没洗澡。等他妈妈回到家，他已经脏得跟个小叫花子一样，头发像一蓬乱草，整个脸黑乎乎的，只看到一双眼珠子在骨碌碌地转动。

上小学的前两年，不做作业更是家常便饭。晚上大人都要睡觉了，他还守在电视机前面，而作业本上还没有写几个字。

那一年，他去农村的老家过暑假。过了一段时间打电话给他，问他作业做了没有。他态度很好，说"做了"。过了一段时间问他，他态度还是很好："已经做了三分之一了……"然后就是"已经做了一半了"……后来有一次再打电话给他，他正好和小朋友玩泥巴玩得很开心。他从别人手中接过手机，我还没有开口，他就大声说："作业快做完了，没有别的事了吧？没别的事我就玩去了。"我还没有来得及答话，他就把手机塞给了别人，一转眼就追小朋友去了。假期结束的前两天，他回到城里。他妈妈把作业本打开一看，气得直想哭，发现竟有90%的作业还没做！他竟然说"快做完了"！

不仅如此，有一段时期他格外暴力，曾经打得全班同学没有一个人敢靠近他。还有一次，他收不住手，竟然把我打了一顿，让人哭笑不得。

那天，家里的空调遥控器坏了，他缠着我教他修理。他喜欢学习，这本来是件好事，但碰巧我当时很忙，准备出去，就三下五除二自己修好了，告诉他："这会儿没空，以后再教你。"他不干，非缠着我马上教他。当时他站在床上，对着我大声吼："小心我打你哟！"我简单地认为这不过是孩子的一句气话，最多也不过是一句警告，没想到，下一秒钟，我就发现这已经是一个事实——我先听到"啪"的一声响，之后就感到左脸已经火辣辣的疼了。这一瞬间，他看着我，我看着他，两个人都傻了眼。

估计他不敢相信，自己说打就打，竟把爸爸揍了！而作为父亲的我，更不敢相信，自己这么大年纪，竟然还会挨打。而打自己的，不是别人，竟然是自己小不点儿儿子！对这样一个无法无天的孩子，不管教怎么行？那一刻，我也打了他一下。被打之后，他哭得惊天动地，冲下楼去找妈妈，一边跑一边大叫："妈妈！妈妈！爸爸打我！"这不是"恶人先告状"吗？看来在这小子眼中，他打别人是理所当然的；爸爸打他，却是大错特错的！

他妈妈赶紧把他抱住，抚摸他，并弄清楚了情况。之后，就开始不断开导和教育他。我偷偷站在后面观察，发现在妈妈的引导之下，他开始慢慢明白过来了。过了大约四十五分钟，他终于擦了擦脸上的泪花，对妈妈说："妈妈，我懂得了一个道理，爸爸是不能打的。"

一听这话，我忍不住"扑哧"一声笑开了。那一刻，我也明白了以往对他的教育，有很大的缺陷：过分重视给孩子自由，已经把孩子的"自我中心病"惯出来了。他必须学会走出自我中心，学会自立生活，学会对自己负责也对别人负责。就是从这时候开始，我深深地感受到，必须借鉴国内外一些先进的经验，来对他进行更有效的教育。

正好此时，我采访了联合国教科文组织21世纪教育委员会的一位委员，知道了格外重要的"二十一世纪教育的四大支柱"——学会生存，学会学习，学会做事，学会共同生活。

那么，怎么才能实现这四点呢？我通过去海外采访考察，一个"自我管理"的教育理念，进入了我的视野。这个教育理念让我深深地感到，必须激发孩子的觉悟，让他在自我负责和自我突破中成长，这比任何外在的灌输和教育，都更能收到较为理想的效果。不仅如此，就儿子当时的情况来看，有时讲道理不一定管用，打骂更是不应该有的方式。那么，能不能找到更好的方式呢？

一天，看当地的报纸，一则部队高校的广告吸引了我们的注意力，该校将针对学生们举行军事夏令营。我们突然想到了一个好方法：孩子从来没有接受严格的要求，假如让他参加军事夏令营，应该很有效果。实际上，他当时才上完三年级，那个军事夏令营一般是不接收这么小的孩子的。但通过做工作，他们同意了。接着，就得让牧天乐意参加了，这就需要一些讲话的艺术了。我们可不能说："吴牧天，你一身臭毛病，我们给你报考了部队的军事夏令营。你好好参加，改正一下你的缺点。"那他内心肯定抵触。最好的方法，当然是摸准他的心理，因势利导了。

牧天从小就有一个当大将军的梦想。他妈妈就明知故问："牧天，你最大的理想是什么啊？"他两眼眨都不眨地回答："当大将军！"妈妈继续"循循善诱"："那你想早一点儿当，还是晚一点儿当？"牧天兴冲冲地说："当然是越早越好啦！"

"那你想早一点儿当大将军，就要早一点儿接受军事训练呀！"

"是啊！有什么方法能让我早点儿接受军事训练啊？"

"眼下正好有一个军事夏令营，你去参加，好不好？"

牧天二话不说就答应下来。这个时候，作为家长，我们也不能欺骗他，也得提前给他打"防疫针"："不过参加军事夏令营，得吃苦啊，你行吗？"他想也没想就说："行！"

"参加军事夏令营，你就一个星期见不到爸爸妈妈，有问题没有？"

他又斩钉截铁地说："没有问题！"

原本牧天对这个夏令营充满了向往，可是刚到营区不到半小时，他就体会到了地狱般的折磨——在烈日下站军姿、踢正步，这和他想象中好玩的军事夏令营完全是两个样子嘛！他又气又恨，后来动起了小心思，开始想办法从营地逃跑。然而跑了好几次，都被教官像捉小鸡一样给抓了回去。被抓了几次之后，他终于开始明白，逃是逃不掉了，只能接受现实。

于是他开始试着去接受训练，而当他慢慢接受它的时候，发现了两个很有意思的现象：第一，军训并不像自己想象中的那么痛苦；第二，当他真正向自己挑战的时候，其实内心还是有一种成长的满足感与快乐的。几天下来，他从一个想当逃兵的人，竟然成为"优秀营员"。回家后，我们看到他的变化，都夸他好像变了个人。现在的他不仅爱干净了，做事也不那么磨蹭了。以前，他什么事都要大人催，现在很多事情不用催，他都能主动去做了。更让人高兴的是，他还会主动为家里做一些事情，开始懂得为他人着想了。晚上他先睡，总要推几下大门，看锁好没有，然后检查煤气、水龙头、窗户是否关好。有时候，他明明都睡下了，可是又穿着睡衣跑出来，再检查一遍，说："我不确定开关是否都关好了，睡不着呢。"

这样的变化真的让我们开心极了，因为他开始掌握了自我管理中的"负责法则"：不仅对自己的行为负责，而且已经脱胎换骨，知道对别人负责了。我对他的进步，再次予以鼓励。同时，以一种有效的方式，引导他去改正以前不好的行为习惯。例如，以前老是拖延着不做作业，现在能做到回家之后，先休息十五分钟，换衣服和鞋子，喝喝水，之后就一口气把作业做完。这样一来，我们再也不必天天为催他做作业而烦恼了。

（至于我以什么有效方法，引导他有这么大的变化，请看第四章第一节"教育孩子的四重境界"。）

这次夏令营，对牧天学习自我管理的推进，产生了质的飞跃。而对于作为父亲的我来说，更有一重惊喜，就是在孩子的自我感悟中，我找到了激发孩子向上、主动自觉的"金钥匙"——成长的快乐。

我发现：许多家长教育孩子失败，往往是因为忽略了孩子的行为法则。孩子的行为法则是"快乐法则"——什么事情使他快乐，他就干得起劲；相反，什么事情让他痛苦、烦恼，他就躲避，不想干。当然，这其实也是人性的法则。大部分大人也都这样，只是在孩子身上体现得更为明显。那么，使孩子快乐，就是迎合孩子，随他去玩就可以了。这样的理解对吗？肯定也不对。其实，对孩子而言，存在两种快乐：一种是玩的快乐，另外一种就是成长的快乐。

什么是成长的快乐呢？就是过去的毛病，现在改了；过去不懂的东西，现在懂了；过去不擅长的东西，现在擅长了；过去不自信的地方，现在自信了……这就是成长，而伴随着每一步的成长，孩子能得到肯定，更能在自己内心深处，产生真正的开心与快乐。

优秀的孩子，往往都有一个特点，即他们都会自己完成一个转变：将玩的快乐，转变为成长快乐。就拿学习来说吧，你会发现，那些成绩最好的学生，往往是最早也最能在学习中创造和体验快乐的学生。而聪明的家长，往往是最早能让孩子体验这种成长快乐的家长。

既然明白了这点，我就在让孩子体验这种成长快乐的方法上下功夫了。而孩子也往往以更多的进步，给我以惊喜。

2. 从陪伴督促到让孩子自我打磨

成长的快乐是很有价值的，但是，要体验成长的快乐，也不容易。因为，这往往意味着要向自己挑战，而向自己挑战，往往又得吃苦。那么，我们该怎么引导孩子进行自我挑战，并在吃苦中去实现成长的快乐呢？换句话说，就是如何把牧天在夏令营体验过的勇于自我挑战，作为一种精神固定下来，并更好地发展呢？

我想了不少方法。其中的一个方法是一边陪伴他，一边督促他，让他勇于向自己挑战，直到爱上向自己挑战，因此体验"成长的快乐"。

牧天从小就有拖延和睡懒觉的毛病，除非必须早起，否则他有机会就会赖床。尤其一到假期，他会想方设法在床上能赖多久就赖多久。我觉得，这不仅是一个起床习惯的问题，也是一个意志力的问题。

有一个暑假，他来北京和我一起度过。我决定借此机会，好好"调教"他一下。到京的当天晚上，我就给他定下了一条"霸王条款"：早晨六点半必须起床去跑步，但不是自己一个人去，而是我和他一起去。牧天当时怔了一下，硬着头皮答应下来。我吩咐他不仅要把闹钟调到六点半，而且手机也要调到六点半。第二天早上六点半，牧天房间的闹钟和手机铃声准时响起来，但牧天很快就让它们变为"哑巴"。

这早在我的意料之中，于是，我催促他起床的声音和我的手机铃声，在他门外同时响起。尽管他千般不愿万般不肯，也只好爬起来跟着我跑步去。

刚开始跑步的那几天早上，他有些抵触情绪，但是我既不批评他也不放任他，只是一到时间就催他起来。几天后，牧天渐渐感觉到晨练的好处了。早上的空气清新，令人神清气爽，最明显的改变是以往他容易上午打瞌睡，但现在一整天都感觉不到疲惫。看书写文章，效率也高了。

不仅如此，跑步的时候，也是我与他加深感情的时候。我会不断与他交流学习和生活中许多有趣的故事和有用的知识，有时也激发他思考，有时还会因为某个故事开心地哈哈大笑。于是，他渐渐爱上一早起来跑步了。

一天，他读到了一篇题为《自己打磨自己》的文章。文中写道：

美国著名的科学家、政治家本杰明·富兰克林曾经到一家杂志社实习，杂志社里有一位对员工要求非常苛刻的老编辑。当富兰克林要求他多多指导时，老编辑只拿了一本字典丢给他，说："好好写文章，不懂的字就查查这本字典。"

之后，富兰克林就不断写稿，如果没有及时写，老编辑会催促，如果写不好，老编辑会批评，让他再去查字典。在他的不断努力下，写作水平逐渐提高了。后来，老编辑去世了。富兰克林发现了一段他写给自己的话：

"孩子，其实我不是你心目中的那个人。我并不懂写作，每个单词我都得查字典，一篇稿子我要看上10遍。当然，为了生活，我不得不给自己树立一个权威的形象。你让我教你，我尽量去做，其实多数时候是你自己在打磨自己。"

富兰克林心里一惊——自己打磨自己？他一回想，确实，很多个日日夜夜，都是自己在查着字典、自己逼着自己写稿子，这样才有后来的成果啊。

这篇文章对牧天的触动很大。他想，自己为什么不能像富兰克林一样，自己打磨自己呢？牧天想明白后对我说："爸爸，以后不用你叫我起床了，我自己会做到的。"

从那以后，哪怕前一天再累、再困，他都会要求自己按时起床。他以实际行动，说明没有我的陪伴，他也会早起。更有意思的是，曾经有近十天的时间，我出差了，他一个人在北京，没有任何人监督他，都能按时起床了。当时我给他报了北京的一个英语学习班，星期天他可以不去上课，按一般人的思维，这正是美美地睡懒觉的时机。那天早晨，他准时醒来，想起今天可以不上课，第一个念头就是想赖床。但不到一秒钟，他就自觉地把被子掀开，下床洗脸，很快又出现在小区的操场。

从被迫接受打磨，到自我打磨是个痛苦的过程，却是迈出的最重要的一步。从此，他不仅改掉了睡懒觉的坏习惯，还在其他方面慢慢学会控制放纵的念头，不断向自己挑战。例如，高三到美国学习时，为了改变自己"豆芽菜"的身材，他还主动去练习健身，终于把自己练成了"肌肉男"。

这些经历，被牧天写进《管好自己就能飞》等书中。在书中，他谈到了自己的切身感受："要享受成长的快乐，就要体验向自己挑战、主动吃苦的乐趣。因为，棉花堆里磨不出好刀来。"

我深深感到，对于许多父母来说，孩子最让人头疼的莫过于不自觉，不管是学习还是做事，总是要人逼，要人催。无奈之下，他们只好以陪伴的名义督促孩子，结果反倒被"绑架"了。你陪着，他就做得好，不陪着，就敷衍了事，让人十分头疼。其实，当孩子缺少自觉性的时候，绝不能对他放任不管，一定的陪伴与督促是应该的。但与此同时，我们还要善于引导孩子，让他"自我打磨"。

陪伴是为了不陪伴，督促是为了不督促！

3. 网瘾导致成绩一落千丈，要懂得为自己读书

照理说，孩子有了这样的觉悟和转变，应该能很好地自觉发展了。我也暗自认为：以后不用过多为他操心了。但我万万没有想到，一件更让我操心的事出现了。

有一天，我在北京正为下周一场重要的讲座做准备，突然收到牧天妈妈从长沙打来的电话。她对我说："后天学校要开家长会，你来参加吧！"我问："你在长沙，我在北京，你直接去就可以了，为什么要我来参加呢？"她着急地说："你不知道孩子的期末考试成绩下滑到什么程度了，已经倒数几名了！"

一听这话，我吓了一大跳。因为牧天小学和初中成绩还算不错，尤其初三那一年，更加发奋，竟以10A的优秀成绩考入了湖南麓山国际实验学校理科实验班，被很多人羡慕。如今学习成绩怎么会下滑到这种地步呢？

我赶紧去买回去的火车票。当时火车票紧张，根本买不到。经济舱的机票也没有了，我只好多花了三倍的价钱，以4000多元买了张头等舱机票飞到长沙。听说我花这么多钱来参加家长会，牧天的老师笑着说："吴老师，这恐怕是你参加的最昂贵的家长会了。"

通过和老师交谈以及与牧天谈心，我终于弄清楚了问题产生的原因。

原来，他迷上了网络游戏。有时通宵达旦地打，即使学校不允许，也偷偷地打游戏。结果，心思不在学习上，身体和精力都弄得很差，成绩飞速下降也

是理所当然的了。得知这一情况，我深深地感受到网络游戏对青少年的毒害之大，也深深为孩子缺乏自制力而伤心。

通过细致的分析，我们发现，在学习上，他多年来一直没有解决一个最根本的问题，就是为谁读书的问题。所以，当父母督促得严厉一点儿，老师关注和夸奖得多一点儿，就学得好一些；但如果缺乏监督和关注，他就不那么认真了，也更容易受到网络游戏的诱惑了。

那么，该怎么解决这个问题呢？讲大道理，他都懂，也不反对，但无法真正触动他的心灵。有没有更好的办法呢？

一天，看到湖南卫视播放的《变形计》节目，节目中一些有问题的孩子，通过到另外的环境中去体验生活，往往有较大的改变。我们不禁眼前一亮，这或许就是一个有效的方法啊！

于是，牧天高一那年暑假，我们通过朋友联系了山区一个品学兼优的孩子的家庭，让牧天和他表弟宇轩跟那个孩子同吃同住同学习一段时间。

那个孩子名叫腾芳，也念高一，是县一中全年级排名前三的尖子生。他的家在一个偏僻的山坳里，父母身体不好，靠种地供他上学。牧天去了之后，看到的是和自己完全不一样的生活环境，房屋破得都像是快要坍塌的，条件艰苦得让他住一天就想离开。但是牧天发现，不管哪一天，腾芳都会比他早起一两个小时。他不像牧天这样不必干任何事情，而是有干不完的农活。更让他难忘的是，即使这么忙，腾芳总要利用一切可以挤出来的时间学习。

有一天晚上，他们正在做作业，突然停电了。牧天和表弟很自然地把书本一放，搬了椅子到庭院里乘凉、聊天。聊着聊着，他们发现腾芳并没有出来。这让牧天觉得十分奇怪。于是牧天进屋找他，结果让他大吃一惊，没有灯光有月光，腾芳竟然一个人静静地坐在窗前，借着月光背着文言文！

牧天忍不住问："你成绩那么好，按你现在的情况，考上个大学，应该没有什么问题，为什么还要这么努力呢？"

腾芳说："我的情况你也看到了，我的家庭已经将他们能给我的都给了我，能供我上学就是对我最大的支持了。我如果不好好学习，将来谁能帮我呢？我又拿什么来回报父母呢？"一番话，说得牧天频频点头。

看见牧天很真诚地对待自己，腾芳又讲了这样一番话："牧天，你的条件比我好一些，但我问你，你父母能帮你一辈子吗？老师的学问再高，能把知识都塞到你的脑袋里吗？"牧天想了想，不断摇头。

腾芳接着说："那既然这样，我们为什么不能从现在起，就为自己读书呢？"这句话犹如当头棒喝，对牧天产生了极大的影响。

后来，他深有体会地说："腾芳的话以及他刻苦学习的身影，一直深深印在我的脑海里。我深深地感到，如果我不为自己努力，我的命运，最终由谁来决定呢？"

以前他总觉得只有被父母和老师逼，才会好好学习。但通过那段时间和腾芳相处，他终于明白学习不是别人的事，而是自己的事情。也就是从那以后，他在学习上开始变得主动，完成了从"要我学"到"我要学"的转变。成绩很快就赶上来了，特别是物理，多次拿了全班最高分。

每当牧天把这段经历分享给各地的学生时，都会引起强烈的反响。在湖南省永州市新田一中，一个高三学生的话极有代表性："世界上最恐怖的事情，是比你能干的人，比你还要勤奋！当我们想松懈一口气的时候，那些比我们强的人，却在争分夺秒地努力，我们能不更主动自觉吗？"

这样的感受，其实是很有针对性的，尤其对处于要参加中考和高考的学生来说更是如此。这是进入人生竞争的头两个阶段，艰苦的学习压力，使许多学生都有"松一口气"的想法。但是，正如哈佛大学的名言所说："你可以不学习，但你的竞争对手不会。"

我觉得，孩子学习好是每一个家长的期望，但是，如果不解决孩子学习的"原动力"问题，他的成绩恐怕是没有保证的。那怎么去激发孩子学习的动力呢？当然，如果以远大的理想去引导，要做一个对社会甚至对人类有贡献的人，是最好不过的了。但是，在孩子一时还无法形成这么高的觉悟之前，应该让他明白：只有你完成了从"要我学"到"我要学"的转变，你的学习自觉性才会大幅度提高，才会以苦为乐，越学越有劲头，成绩自然也会提高。

4. 上百万字的自我管理日记，成了管好自己的最佳工具

解决了学习的原动力问题，牧天的成绩越来越好。后来，他获得了一个机会，可以作为优秀交流生，去美国上高三。

这是一件很好的事情，同时也让我很担忧。那时，他才十几岁，社会阅历

远远不够。而且美国的学校需要住在一个寄宿家庭中。缺乏了老师和父母的监督，他能管好自己吗？万一出现各种生活上、身体健康上的问题，我们离得太远，帮不上忙，又该怎么办？看来，只能让他自己管自己了。那么，怎么才能让他管好自己呢？我再三研究后，借鉴了海尔集团等单位管理员工的经验，又结合青少年成长的特点，想出了一个写作自我管理日记的办法。

当时，为做好出国前的准备，牧天到英语培训机构学习。他十七岁生日那天，我带他到饭店里吃饭。当他坐下后，我笑眯眯地对他说："牧天，明年的今天，你就十八岁了，爸爸要送个礼物给你。"他很开心，但见我几分钟之后没有动静，忍不住问："爸爸，您说的礼物在哪儿呀？"我微微一笑："送金山送银山不如送个好习惯。从今天起，你开始写自我管理日记吧！你已经充分享受到了自我管理的甜头，但是还缺乏一个天天进行自我管理的工具。爸爸'发明'了一个叫作'自我管理日记'工具，以帮助像你这样的青少年学生更好成长。"

我给他讲了每篇日记的具体写作格式，从以下五点展开。

（1）关键词：以最精练的语言总结当天的主要内容。

（2）计划的落实情况如何？

前一天晚上要安排第二天的计划，第二天（也就是写日记的当天）要检查前一天安排的计划是否已经落实，避免放空炮。

（3）今天最大的收获是什么？

将当天的进步或感悟、值得以后坚持和强化的地方记录下来。

（4）今天我最大的反思是什么？

记录需要改进的地方，或从他人身上能借鉴的教训。

（5）明天的计划是什么？

再次对第二天的学习、生活进行安排。日记要求天天写，同时也天天在网上发给我们。

这个自我管理日记的核心，就是总结与计划。

关于总结，我在牧天很小的时候就开始培养他这方面的能力，并强调进步最快的人，往往是最善于总结的人。对于这点，他早就重视并加以实践。

关于计划，我向他介绍世界顶尖企业销售培训家崔西说过的话："这世界有两种人，3%是做计划的人，97%是不做计划的人。到头来你会发现一个现象——3%的人拥有了自己的事业，而97%的人在为这3%的人打工。"

牧天听完后，对这个工具大加赞赏，表示自己一定好好实践。他由衷地说："十八岁不仅是一个年龄的概念，也代表着成熟。爸爸让我以写自我管理的日记的方式，养成好的习惯，的确能让我更加成熟并出类拔萃，能让自己学习和做事的效率得到提高。"

得到他的响应，我更加高兴，于是对写日记又提出具体的要求：记好日记的关键，不在于有多好的文采，但一定要言之有物，记录有价值的感悟及事情。同时，也不要求一次写多好，但是要天天坚持。

我问他能不能做到，他回答说："爸爸，我懂得盖房子的道理。尽管一片瓦、一块砖不打眼，但就这样点点滴滴坚持下去，就算是摩天大厦也有可能在自己手中产生。"我拍了拍他的肩膀，笑着说："记住你自己讲过的话，只要你能天天坚持，到了明年的今天，你会发现这是你送给自己最好的成长礼物！"

　　说实话，我当时有些担忧，对他能不能坚持写一年，我并没有信心。但没想到的是，他真的坚持下来了。一年后，他考上了美国的重点大学——被誉为"美国航天航空之母"的普渡大学。回到国内，我让他把所有的日记整理到一个文档中。当打开这个文档时，我有点儿不敢相信自己的眼睛，这个文档竟然有38万字！这是个什么概念呢？按10万字一本书的字数来算，他这些日记，相当于写了三本书还要多呀！

　　一开始我以为自己看错了，但仔细想一想，他基本上每天发1000字左右的日记，一年多的时间，写38万字是没问题的。这一瞬间，我不仅有些敬佩，也有些后怕，对牧天说："如果知道你会写这么多字，我当初说不定不敢由着你这样干。要知道，这一年正值高考，写这么多文字，难道不会影响学习吗？"

　　耐人寻味的是，牧天现在充分尝到了甜头，他反倒以亲身体会对我进行了"教育"："爸爸，我一个人在国外，没有别人监督，如果没有自我管理日记，也许我不一定能考上普渡大学。中国有句俗语说得好：'磨刀不误砍柴工。'学习就是砍柴，每天写作自我管理的日记，等于磨刀。我天天进行自我管理的实践，学习效率怎么能不提高呢？"

仔细一想，的确如此。在他的自我管理日记中，记录得最多的，毫无疑问是那种自我要求、自我感悟和自我突破的例子。我们且看其中的两则日记吧！

日记一

关键词　现在不做等于永远不做

今天中午时，我在路上看见一只小鸟一瘸一拐的，用单脚跳着走路。我感觉它可能受伤了。我很喜欢小鸟，但是因为我当时急着赶路，就没有去帮助它。与此同时，我还找了一个很好的自我安慰的理由：也许这种鸟是喜欢这样一只脚站着吧！于是我继续走我的路。

没有想到，晚自习前，我去倒垃圾的时候，竟然在垃圾站看到了那只小鸟，它已经死了，再细看它今天抬起的那只腿，已经严重骨折了。

面对着这只小鸟，我有一种说不出的悲哀，我很后悔中午看到它的时候没有多去关心它一点儿。或许我多看它一下，知道它有伤，把它送到医务室，它或许就不会死了。

今天经历的这件事和想到的一些故事，给了我很深的触动：许多事情，千万别拖。如果你现在不去做，也许就永远也做不了。

日记二

关键词　人所取得的一些成绩，无一不是向自己挑战而来

今天，社会学有140多页的课本要看，其中的重点内容加起来有40多页，老师又发了一张16页的大纲让我们回去好好背。本来我就不喜欢死记硬背，老

师最后一天晚上还给我们加任务，我真想不背了。

但是我想起健身训练时，训练老师谈起一些我很羡慕的健身运动员说："那些健壮的身体，都是向自己增加压力和痛苦换来的。你要你的肌肉发达，你就得学会加大对身体的'折磨'。"

我转念一想，这只不过加了16页纸的东西，背完不就行了吗？所以我一咬牙，就把剩下的内容背完了。

虽然今天的做法谈不上轰轰烈烈，我却从中悟出一个道理：

人所取得的一些成绩，尤其是大的成就，无一不是向自己挑战而来。

我一定要做一个把挑战自己当成人生快乐的人！

看完这两篇日记，我有些感慨，当一个人能天天这样"磨刀"时，他哪能不砍出更多的"柴"呢？之后，我由衷地说："这么多有意思的东西，是写作一本成长书的好材料啊。"牧天带着一点儿都不相信的神情望着我，问："爸爸，我也能写书吗？"我说："这有什么难的？你写作的内容丰富多彩，尤其对成长中的青少年有现身说法的借鉴意义，只要你不摆出教育别人的架子，肯定没有问题。"于是，那年暑假，他就半天去学吉他，半天写作，将多年来尤其是这一年多来的实践，写成了《管好自己就能飞》一书。

这本书激起了全国20多个省市，上百万青少年的"自我负责，自我管理"的热潮。暑假期间，牧天还应邀在各地进行巡回演讲，不少读者对他能写出这样的书，尤其对他能写出30万字的日记十分感兴趣，纷纷问他，为什么能做到，他回答说：

"没有点点滴滴，哪来轰轰烈烈？只有点点滴滴，才能轰轰烈烈！"

其实，牧天是以他的亲身实践告诉大家：自我管理并不是大人的专利，也不像想象中那样难，简单说，就是要学会从自己做起，从现在做起，从点点滴滴做起！

这个写作自我管理日记的好习惯，被牧天坚持了下来，现在已经写了190多万字了。牧天坚持写作自我管理日记，的确为他找到了管好自己的最佳工具。教育名城衡水市的著名初中——信都中学，进行自主管理的教学实践，要求学生都学习写作自我管理日记。

看到自己的儿子从调皮王转化为被人认可的自主管理明星，我一方面很欣慰，同时也深深地觉得：父母再爱孩子，也不能代替孩子生活；父母再优秀，也无法代替孩子成长。

许多父母都希望孩子"听话"，但与其让孩子听话，不如让孩子自觉。这其实也符合现代管理学之父德鲁克的核心理念："最好的管理是自我管理。"

任何家长，只要你下决心培养孩子的自觉精神与自我管理能力，让孩子自己为自己负责，自己来管理自己，你家也能培养出自觉型孩子。

第三章

主动不主动，相差一百倍

每当有家长问我："我也很想培养出'自觉型孩子'，那么培养这样的孩子最需要掌握的理念是什么？"我总是脱口而出："主动不主动，相差一百倍。"

这是著名球星乔丹的名言，也是被牧天奉为座右铭的自主管理格言。

清华附小校长窦桂梅为牧天的《管好自己就能飞》一书写序，她也总是鼓励孩子们成为"主动行动者"。

学习与生活中的主动态度，是培养"自觉型孩子"的关键。当家长引导孩子从被动变为主动，他就会给我们带来许多惊喜。

1. 要主动促使事情发生，不要被动等待机会降临

在牧天17岁生日那天，我带他到一家饭店吃饭。除了与他交流，让他开始写作自我管理日记外，还做了一件对牧天日后成长有影响的事情。

平时吃饭，我们都是在大堂坐散座，这次因为是儿子的生日，我想稍微隆重一些，就找了个卡座。但服务员说我们只有两个人，而卡座能坐六人，就坚持让我们坐小桌子。牧天与她好好交流，但是她态度很坚决。这时牧天看看我，说："爸爸，要不散座也可以，无所谓的。"

我没有再与服务员交流，而是直接走到值班经理面前，对她说："经理，您好！我要特别谢谢你们！你们饭店的菜做得非常好，我们常常来这里吃饭。"经理一愣，然后满脸堆笑，对我表示感谢。我接着说："正因为你们的菜做得好，今天是我儿子生日，所以我特别到你们这里来庆贺生日。"经理再次感谢我们看得起他们店，欢迎我们以后常来。这时候，我就颇有分寸地提出要求了："不过，今天我有点儿小小的事情要麻烦您。"她忙问是什么事情。我便说："我知道一个卡座坐两个人是有些浪费，但是我的确想在您这里，给孩子留下一个美好的回忆。您能不能通融一下，帮我们安排一个卡座？"经理听我这么一说，满口答应说没问题，她不仅给我们安排了卡座，还送了一个果盘，祝贺牧天的生日。

尽管这只是一件小事，但前后的不同结果，让没有太多社会阅历的牧天看得目瞪口呆。他激动地说："爸爸，你这样会说话，让别人都不好意思拒绝你了。"我说："会讲话固然重要，但更重要的还是要有积极的人生态度。你要

知道，要成为一个优秀的人，就应该主动促使事情发生，而不是被动等待机会降临。"

尽管那天我以现身说法的方式，让他感觉到主动去做的价值，但是，改变自己并不是件容易的事情。

他在新东方学英语时，在食堂难得吃上一次包子。有一天吃早餐时，他去得晚了点儿，吃完发给他的包子之后，他就开始犹豫要不要向食堂师傅要求再加一个。但是他因为怕被拒绝而丢脸，最后选择了不开口。结果回到教室，听几个同学说，他们都要求加包子并多得到了一个包子，于是他后悔了半天。

这虽然看上去是一件很小、很可笑的事情，但是他想，以后还会遇到很多类似这样的事情，如果因为想要又怕得不到而不敢追求，那么将来可能又会多一份后悔。他回想起他生日那天我争取卡座的事情和当天对他讲的话，于是暗下决心，以后一定要勇敢地突破一下，不让自己留有遗憾。

说来也巧，第二天，一位给他们上课的新东方老师无意中提到自己在另一个班级讲课时有一本内容更全面的讲义。有些同学听了，尽管很动心，想找老师要，但都认为老师不会给而没有行动。牧天开始也犹豫了一番，但最终说服自己"去试一试"，于是和另外一个同学去找老师要。结果，老师给他们了！

当天晚上，牧天便在日记中写道："主动的人总是去找机会，而不是等机会来找自己。不要在没有尝试之前就打击自己，说'我不行'，如果你主动一些，那些你认为'我不行'的事情，或许就会变得很可行。"

我对他的这一突破，格外开心，对他的日记做了如下点评：

错失了可以拿到的包子，却鼓起勇气，得到了一般人不敢去要的讲义。这是一个极大的进步。

首先值得肯定的是，这种能认识到自己的缺点，并下决心向自己挑战的做法，正是一个人能取得进步的关键所在。其次，你已经体验到主动争取与被动等待的区别。恭喜你！这正是把握了生存智慧的核心。上述两种不同的生存方式，必然会带来不同的命运。

至于具体如何突破，也值得肯定。你之前的问题，其实也是大多数青少年在成长过程中遇到的共性问题：害怕拒绝。但是，正如《士兵突击》里许三多讲的："不要对没有尝试过的事情说'不可能'！"退一万步讲，即使被拒绝了，也没有什么了不起。

所以，只管开口，大不了回到原点！

学会主动的重要性，在他到美国后，还体验了一次更大的突破，那就是从来没有学过美国历史的他，竟然当上了美国历史老师的助教。

一天上历史课，老师Herman说，他需要一个字写得好的同学帮他抄一段文章，然后让字写得好的同学举手示意。牧天英文写得不赖，但毕竟刚来美国，看见其他同学都不举手，他还是没有什么自信，所以没有举手。于是，Herman老师让大家打开笔记本，他亲自来选。当他看到牧天的笔记本时，眼睛一亮，指着他说："就是你了！"看到牧天还在发愣，老师干脆把手伸过来，说了这样一句话："欢迎来到美国——一个你不主动表现，就没人挖掘你的地方。"

这件事让牧天开始意识到，即使自己有才华，也一定要主动地展示！

不久，牧天听说可以通过申请当助教，他物理最好，自然首先想到做物理课的助教，但物理老师已经有了助教，于是他又去找英语老师，不巧英语老师也有助教了。就在这时，他恰好看到历史老师经过，不正是这位老师告诉自己"你不主动表现，就没人挖掘你"的吗？于是他立即追上历史老师，问他需不需要个助教。

Herman老师听了他的话，愣了一下。牧天鼓起勇气说："您知道我的历史基础不好，这主要是我以前在中国没有系统学过的缘故。但上个学期，我一直全力以赴在学习，而且不仅在学习上，在做其他事情上也很有主动性。请您相信我，只要给我机会，我一定不会辜负您的期望。"

看着他渴望的眼神，Herman老师说："我的确需要一位助教，本来我是绝对不收成绩在B以下的学生当助教的，但是我看到了你在学习上的努力，而且我觉得你的主动性，会让你的潜力大大发挥出来！好吧，我就破例让你当助教吧！"听到这些话，牧天高兴得跳了起来，满口答应："放心，我一定好好努力！"

当天晚上，牧天在网上分享他的感悟："很多人都是因为不敢主动尝试而丧失机会，我却得到了机会。我再次觉得爸爸以前讲的话没有错：有机会时就要不怕丢脸，只管尝试才会出现的啊！"

"进化论"的提出者达尔文的核心理念是"适者生存"，这讲的是动物世界的生存法则。那么，人类社会的生存法则是什么呢？尤其是在新经济、高科技快速发展的时代生存法则应该是什么呢？那就是——"试"者生存！

从"适者生存"到"'试'者生存"，只有一字之差，后者却有着更大的主动性。当天晚上他十分兴奋，在日记中写出这样一段话："不断主动地尝试，才能不断地发展！不断主动地尝试，才能赢得想象不到的机会！在没有尝试之前，绝不提前打击自己！"

通过上述牧天的突破与进步，我有以下心得与家长分享。

第一，许多孩子往往受照顾太多，不仅依赖性强，而且也不自信，这时候，我们一定要想办法让他们丢掉依赖，学会主动去开创命运。

第二，与发达国家的孩子相比，我们的孩子往往缺乏主动展示的勇气。表面上看起来是"老实"，实际上在现代社会往往缺少勇气，缺乏发展，这时候，培养孩子主动展示的能力，就是提高他将来在社会上的竞争力。

第三，孩子的自信，不是天生的，而是在逐步尝试中形成的。我们许多家长，经常给孩子泼冷水，指责这不行那不行，实际上在无形中形成了捆绑孩子发展的枷锁。

让孩子一次次去尝试，哪怕丢点儿脸，摔点儿跤，吃点儿亏，都没什么要紧。他在不断尝试中一定会收获成功，也一定会建立自信。

一句话，未尝试之前不要先去否定！

2. 一流主动、二流被动、三流不动

主动与被动，是两种完全不同的人生态度。真正的自觉，都是体现在主动上。相信每一个家长都希望孩子主动，但让人头疼的是，被动甚至不动的孩子大有人在。

在牧天的成长过程中，我们以自己的言传身教和他自己的感悟探索，让他越来越明白"主动成就一切"的道理。为了让牧天对此有更深刻的认识，在他去美国的前一天晚上，我与他再次交流主动学习和主动做事的价值，并与他分享了这样一个理念：一流主动、二流被动、三流不动。

一流主动，就是自动自发地去学习、去做事。

二流被动，就是会学会做，但需要别人要求和催促才去做。

三流不动，就是即使别人要求和催促依旧迟迟不动，甚至还有意见和抵触。

令人高兴的是，这一理念被他牢记并应用起来。不仅在学习上经常"提前学习，加码学习"，取得好的成绩，而且在其他方面，也收获了更多的欣喜。

下面是他到美国不久后发的一则日记。

关键词　第一时间融入新环境

在美国生活已经有一个多星期了。

今天从学校回到寄宿家庭，寄宿家庭的妈妈问了我一个简单的问题："你

是自己一个人吃午饭的吗？"我告诉她，这些天都是跟几个新认识的朋友一起吃饭的。刚到一个新的环境，我应该尽快融入进去。因此，主动与大家打成一片，主动自我介绍，主动了解别人，这也让别人自然对我多一些关心。

寄宿家庭的妈妈说："那真是太好了，我就担心你会和不少交换生一样，刚来的时候在学校里做什么都是自己一个人，这样很难交到朋友。看得出来，你融入新环境的意识和能力很强啊！"

是的，虽然时间不长，但我已很快融入了寄宿家庭和学校。我注意到：

第一，第一时间与人打成一片，重在交流。

绝对不能封闭自己，也不能独来独往。比如在学校，我不仅和同学们一起吃饭，还主动去认识很多同学，在路上不管碰到谁都会主动打招呼，这样一来，大家也以同样的方式回应我，这让我在异国他乡觉得很温暖。

第二，注重沟通方式。

中国人和美国人在食物和生活方式上有很多差异。寄宿家庭妈妈夸奖我，眼神交流做得非常好，美国人很不喜欢别人在交谈的时候不看着自己的眼睛，他们认为这是相当不礼貌的。而我，在交谈时，总是重视与对方的眼神交流，这是真诚、有教养的表现。

第三，主动做事，体现主人翁精神。

有一天晚上，寄宿家庭的爸爸开会去了，一个小弟弟在哭闹，说数学作业不会做，寄宿家庭的妈妈无法教他，怎么安慰都没用。当时我也有一堆作业要做，但是听到这一情况后，就主动过去，叫他别着急，我可以教他做。

虽然他不哭了，但还是带着怀疑的眼神看着我。我便坐下来，耐心地一一指点他。最后不仅帮他"搞定"了作业，而且还提高了他学数学的兴趣。寄宿家庭的妈妈不断地对我说"谢谢"，这个小弟弟还夸奖我说："你是数学天才，比我们老师强多了！"哈哈哈，尽管我知道这话有点儿夸张，但听着心里还是甜滋滋的。

今天下午我们做大扫除了，我要做的是给楼下的地板吸尘。我做得很细致，寄宿家庭妈妈下楼来看时，发现地板打扫得非常干净，连死角里都清理到了，就大大表扬了我，夸我做得又快又到位。

寄宿家庭给我提供了便利的条件，我当然要更勤快和用心地做事了。对主动做事的孩子，我想全世界的人都应该是喜欢的吧！

"儿行千里母担忧。"看到他的这篇日记，知道他到新地方不自我封闭，会第一时间与人打成一片，而且能主动做事，赢得寄宿家庭的认可，我的担心很快就减少了。后来，他又给了我一份惊喜。

我很重视通过身边的小事给他以成长的启迪。在他还在读初中时，暑假就来北京和我一起度过。我经常带他到我的单位体验和观察，他也会很用心地学习。有一次，我出差几天后回到北京，又带牧天去了办公室。

这时候，市场部的主管甄灿翠来告诉我，编辑部的某位同事病了。我问她，是什么病，严重不严重。她说是重感冒，没有办法上班。我几分钟后要接待一位重要客人，就对这位主管说："麻烦你代替我先问候她，如果严重的话先去医院，我找时间去看望她。"这位主管微微一笑，说："对不起，吴老师，我知道您会问候她的，所以我没有征求您的意见，就先代你问候她了。而且我也让她先去医院，如果要住院，我答应下班后去看望她。"

这个主管与编辑部没有业务关系，但她能在我提出要求之前，就做好工作，这给牧天留下了深刻的印象。当天晚上，他与我交流，问："爸爸，这样的员工你会重视她吗？"我回答说："当然。"

接着，我反问他："你说说看，为什么爸爸会重视她？"他回答："我认为甄阿姨有个优点，那就是能够想在别人前面，做在别人前面。"我点点头。牧天又谈起一个话题："爸爸，你认为什么样的人，最能在单位吃得香呢？"

这其实并不是一个初中生该考虑的问题，但我觉得这正是让他提前了解"打造职场竞争力"的机会。于是，根据自己做培训的体会，将一个人在单位是否受欢迎的程度，做了以下区分。

第一种人——自动自发的人：也就是"不要别人提，就会做得好"的人。

第二种人——执行力强的人：能圆满完成交代任务的人。

第三种人——打折扣的人：推三步走两步，甚至只走一步的人。

第四种人——"烂苹果"人：不仅不走，还要抵制走的人。

牧天感慨地说："看来积极主动，在哪里都是受欢迎的啊。我一定要做一个自动自发的人。"

实际上，这位名叫甄灿翠的主管，从大学一毕业就进入我的单位。她从普通员工做起，之后就因为这种自动自发的精神，不断获得提拔，从普通员工到主管，到客户部经理，后来当上了副总。而她当时主动做的那件事情，也被牧天深深地刻在了脑海中。

在他高三担任美国历史老师Herman的助教时，发生过一件让老师喜出望外的事情。那天，他一到教室，历史老师便让他点名，发现42名学生，实到了38名。之后老师让他去复印38份资料，并且在10分钟后就要。牧天飞快地拿着原稿去复印，在输入复印数量时，本来输入的是老师交代的38份，但他又想，万一一会儿那几个学生来了怎么办？于是他决定复印42份。一走进教室门，果然，老师说："牧天，对不起，刚刚那几个学生又来了，能不能麻烦你……"这时候他微微一笑，说："老师，不好意思，我刚才没有征求您的意见，还是印了42份。"老师一愣，在他肩膀上猛地一拍，竖起了大拇指夸奖："太棒了！你是我'雇用'过的最专业的助教。"

我在前面的章节中介绍过，牧天以前是没有学过美国历史的，凭着勇敢主动，当上了历史老师的助教，这次又凭着超出老师期望的做法，被老师誉为"最专业的助教"。这种积极主动的精神会让孩子更有竞争力，而且可能在将来的职业生涯中，让孩子拥有更强的竞争力。

积极自觉，是孩子自我管理的核心素养。家长们可以与孩子们好好交流，其实做到这一点并不难。当你的孩子拥有积极主动的精神之后，有了终身成长的竞争力，也能成为越来越受欢迎的人！

3. 不要因为别人脸色改变态度，而要以积极的态度改变别人脸色

如何处理好人际关系，对孩子而言是十分重要又较困难的事情。前不久，我应邀去北京中关村第二小学讲课。当与一些三、四年级的老师交流时，我问："根据你们的观察，孩子最苦恼的问题是什么？"我以为他们会回答是学习成绩，不料，大多数老师告诉我，是不善于处理人际关系。

这么小的孩子，就为不善于处理人际关系而苦恼，而大一点儿的孩子，恐怕更是如此了。但是，假如让孩子拥有了主动积极的态度，再棘手的关系也能处理得很好，甚至可以将那些对自己不好的人，都有可能转变为对自己有帮助的人。

在美国交流的时候，交流机构在每一个城市设立了地区代表的职位，负责管理当地来自世界各地的交流学生。牧天的地区代表是一位50多岁的女士。可能由于管理中国学生缺乏经验，或者固有的偏见，她对牧天特别严厉，甚至苛刻得有些不近人情。对于这样一个人，牧天有些怕她，私下里觉得她就像只"母老虎"。她每隔一段时间会给牧天打电话，询问他的情况，每每牧天都有些紧张和厌烦。

一天晚上，她又打电话，牧天像平常一样敷衍了她所有的问题，终于等到她问："你还有没有别的事要说？"每当她说这话的时候，往往是牧天通话过程中最开心的时候，因为终于可以挂掉电话了。然而，就在这个时候，牧天突然转念一想："我为什么总要躲避这一问题呢？为什么不能下决心面对这一问

题，并把它解决呢？"

他脑海中想起"一流主动"的理念来，于是他对自己说："我老希望她对我主动关心、对我好一点儿，那我是不是应该主动去关心一下她，来改善一下我们的关系呢？"于是牧天立即调整了心态，带着笑容，关切地问了一句："请问您最近忙吗？"

电话那边先是没有动静，之后，地区代表冷冷地回了一个字："忙。"当时牧天心里非常难受，甚至有一股想把电话甩开的冲动。但他抑制住了这种冲动，还是和地区代表说了一会儿很贴心的话："是的，您确实太忙了，要照顾我们这么多交流生，真不容易。您太辛苦了，我们都应该感谢您！我以前可能有做得不够的地方，但以后一定做得更好，让您为我少操一点儿心。"

电话那头没有反应，牧天以为她挂了电话，心里都凉透了。但过了3秒钟，电话那头传来了一声既感动又温暖的声音："谢谢你，牧天！我做了很多年的交流生工作，许多学生认为我所做的事情都是理所当然的，如果有哪点儿做得不如他们的意，就对我有很大的意见。但是你能懂得我的辛苦，体谅我的付出，你真是一个很懂得关心他人的学生！"

牧天简直不敢相信自己的耳朵，这还是那个地区代表吗？平时对他那么凶，怎么一下变得像个温柔的天使了？然而就是这么神奇，因为这件事情，地区代表对牧天的态度有了很大的转变。随着沟通和了解的加深，她对牧天的印象越来越好，和牧天的关系也越来越近。后来，她甚至成为在美国对牧天帮助最大的人之一。

在牧天进行巡回演讲时，这个故事也是非常吸引学生们的故事之一。

因为任何人，尤其是青少年都渴望得到他人的肯定，都希望得到掌声与鲜花，都希望别人把最美的笑容给自己。但在不少时候，生活往往与我们想象的不一样。有时，你想得到肯定，恰恰得到的是否定；你向往的鲜花和掌声没来，却遭遇蔑视和打击；你想看到的笑容没有出现，抬头看到的却是他人的冷脸。

很多人纷纷热情地与牧天交流："别人对我不好，我也同样对他不好。你是怎么做到对待一个对自己不好的人这么好的呢？"牧天回答说，这其实是多种训练的体现，包括以前训练过的尽早面对、学会"换位思考"等，当然还有一个"主动成就一切"的全新感悟，那就是不要因为别人的坏脸色而改变自己的积极态度，而要用自己的积极态度改变别人的坏脸色。

他进一步解释说，人与人之间一般的反应模式是，你给我冷脸，我也不给你好看，起码我用不着对你主动热情。但是，这样只能陷入恶性循环中。假如你要改变这种状况，就得主动把自己的关心与肯定给予他人。

中国有句俗语说："伸手不打笑脸人。"当你对别人好的时候，就能开始融化别人心中的冰块，使他开始改变对你的态度了。但是，并不见得你一开始做就能收到效果。

就拿这次影响地区代表来说，当他第一次问地区代表忙不忙的时候，对方的语调依然是冷淡的，如果按照以往牧天的心态，可能就赶紧挂电话了，以后也不会再主动去问好。但是他当时就决定，不管别人的表现如何，自己一定要将积极的态度坚持到底，到最后，还是把别人的"冷脸"变为"热脸"了。

他强调说："冷脸与热脸，都是一个人的同一张脸。当你能坚持积极的态度，付出你的真诚，冷脸就能变热脸。因为一个人可以拒绝一切，却无法拒绝他人真诚的尊重与关心！"

接着，他还与大家分享了弱者与强者有三大区别：弱者总是期望别人包容自己，强者总是能够包容他人；弱者总是等着别人关心自己，强者却能主动关心他人；弱者会被动屈服于他人的态度，强者却能积极影响他人的态度。他勉励大家，在学习和生活中，要学会更加主动，并让自己成为真正的强者。

是的，"主动不主动，相差一百倍"。希望家长把握住这个金钥匙，这样，就能抓住让孩子成为自觉型孩子的根本了。

2

第二篇

更新观念:

管孩子不如让

孩子学会管理自己

内容提要

对孩子，我们无法像老母鸡护小鸡那样"宠"他一辈子，也不能像牧人拿着鞭子对牛羊那样"管"一辈子，既然这样，我们不如培养孩子的自觉性，让他们对自己的成长负责。

不要让自己的脑袋替代孩子思考，也不要让自己的肩膀替代孩子承担，更不要让自己所谓的"爱"成了阻碍孩子成长的借口！

越早让孩子学会自我管理，越能让他们享受成长的甜蜜，越能让他们展翅高飞！

第四章

千般逼万般宠，不如孩子自己懂

在教育孩子的过程中，通常容易出现两种现象：一是逼迫，即强迫孩子接受；二是宠爱，即认为自己只要给孩子足够的爱，孩子自然就会懂事，做该做的事情。

实际上，这两种方式都有问题。

如果以让孩子听话为目的来强迫孩子，孩子往往不仅不容易接受，还容易产生逆反心理，造成父母与孩子的关系紧张。如果只是宠爱孩子，反倒会惯坏了孩子。

我认为最理想的教育方式，就是激发他的自觉性，让他自我觉悟，自觉成长，让他"不要别人逼，自己就能做好"！

通俗地说，就是"千般逼万般宠，不如孩子自己懂"。

1. 教育孩子的四重境界

在第二章中，我讲到了在小学三年级以前，牧天是一个有着很多坏毛病的孩子，后来采取让他参加军事夏令营，帮助他改正了不讲卫生、做事磨蹭、以自我为中心等问题。

一些家长可能会有疑问，短短一个星期的活动，就能让孩子脱胎换骨，未免太神奇了吧？是不是每个参加军事夏令营的孩子，都会有这么大的变化呢？

应该说，如果只是走过堂式的活动，绝对不可能产生这么大的变化。

在牧天身上发生转变的奇迹，不仅与夏令营的教官善于引导有关系，还与牧天参加夏令营后，我巧妙地应用了教育孩子的理念与方法有关系。通过这次教育，我总结出了一个"教育孩子的四重境界"。

牧天回家后，我十分惊喜地看到他在很多方面的变化，于是趁机引导他，巩固这次夏令营的成果。我先夸奖了他这次的表现，接着就请他结合自己以往的表现，谈一下这次训练实现了哪些大的转变，最后，让他用简单的语言，把这次活动最深的体会总结一下。

他笑嘻嘻地说："爸爸，没有必要吧！"我也笑着，但坚定地说："很有必要。"他开始推托："爸爸，我不过是一个小孩子，也谈不出什么有价值的观点来，还是算了吧！"我立即鼓励他："爸爸相信你，你很聪明，只要你用心去琢磨，一定能总结得非常好！"

当天晚上，他没有给我答复，第二天白天也没有给我回音，到了快睡觉的时候，他突然走过来对我说："爸爸，我倒是想了几句，不知道好不好。"

他讲的第一句是："我们之所以痛苦，是因为老是拖延着不去面对。"他解释说：这次反思过去干任何事情，总有拖延的老毛病，但是越拖延，自己越难受。就拿写家庭作业来说吧，其实他也知道家庭作业是非做不可的，拖得越晚，越不愿做，越不愿做，就越做不好。那么，该怎么改变这一状况呢？他以这样的话回答："第一时间面对，第一时间成长！"也就是坚决不给"拖延症"留时间。只要是该做的事情，就立刻去做。那次夏令营从躲避军事训练，到后来很快适应训练，原因就在于此。

这个观点一说出，我立即明白，这可是这个阶段的孩子最应该懂得的道理！小学三年级，最重要的事情之一，就是养成良好的行为习惯。我们的孩子们，往往有不少不好的行为习惯，"拖延症"就是其中的一个。如果孩子们都能马上去做自己该做的事情，尽该尽的责任，那么就能将拖延的习惯改好，家长们也没有必要总催逼孩子了。

有了这样的感悟做基础，我开始引导牧天改变日常生活中的行为。我问他，平时拖延得最多的事是什么。他不好意思地说，是写家庭作业。

我接着问牧天，能用感悟到的这一理念，去改变吗？他说可以，并制订了一个方案：每次放学回家，坚决不玩，也不看动画片，而是在15分钟内，将衣服和鞋子换了，把喝水、上厕所这样的事情都做好。之后，就像在学校一样，好好学习，把作业一口气做完。虽然期间也有反复，但这一"先做作业再去玩"的好习惯，终于坚持下来了。

而且他有一个发现，第一时间做作业，往往比拖到很晚才做作业，效率要高很多。把作业做完后，天通常还没有黑，还可以和其他小朋友玩，晚上还可以踏实地看动画片。这个以前让我们烦恼的问题，就这样解决了。我们因此也不必像当今不少家长那样"不做作业母慈子孝，一做作业鸡飞狗跳"了。更让人高兴的是，这样的方法，如果真正应用起来，其他孩子也容易学习。牧天的小堂妹吴思聪受他的影响，从小学二年级开始就养成了不拖拉的习惯。

　　通过牧天参加军事夏令营以及之后的更大转变，我悟出了一个"教育孩子的四重境界"。

　　第一重境界，对孩子只是指责，逼迫，灌输。这往往挫伤孩子的积极性与自信心，反倒达不到好的教育效果。这是最差的境界，是我们一定要避免的。

　　第二重境界，多夸奖孩子，激发孩子向上的愿望。

　　第三重境界，不满足于让孩子只是体验，而是还要教孩子从这件事中学到知识和道理。

　　这是负责任、有水平的一些家长的做法，的确很有价值。通过每一件事，家长能把其中的道理给孩子讲清楚，孩子可能会少走不少弯路。

　　那么，这是最高的境界了吗？我认为不是，最高的境界应该是第四重境界——家长不告诉孩子道理或答案，而是引导孩子思考与总结。就像在这次军事夏令营以后，我没有直接把我认为重要的道理讲给牧天听，而是让他自己思考、发现与总结。

孩子自己总结的东西也许水平没有家长那么高，但是这是从他们自己的脑子中产生的，通过他们口中说出来的，会给他们带来发现的乐趣、提升的快乐。

让孩子学会自己做总结，为什么如此重要而且效果这么好？这一理念来自一个教育心理学的规律：孩子要自动自发地进步，就要有自我效能感。

打击孩子，他就只有挫败感，仅仅是把自己懂得的东西告诉孩子，他也缺乏自我效能感。假如我们鼓励孩子独立思考与总结，他的自我效能感就会大幅度提升。经常这样做，他就会成为一个生活上的有心人，一个愿意不断提升自己的人，一个越思考越聪明的人！

2. 将现象提升为总结，将开悟落实于行动

要孩子"自己懂"，其实对家长的教育方法，是一种挑战。

因为比起把自己的经验直接告诉孩子，或者把自己的意志强加给孩子，让孩子"懂"，要花的功夫可能更多，需要的耐心更大。

但是，这是一件格外有价值的事情，也是一件下决心去做就能做好的事情。在这方面，我的探索是：尽量去激发孩子思考，让他多多观察现象，并将现象通过"总结"提升。与此同时，培养孩子"开悟"的乐趣之后，一定要将其感悟到的内容落实到行动中，并指导他们实践。

孩子要学会自我管理，只有精神还不够，还得有能力，尤其是善于解决问

题的能力和理性思考的能力，有时还得懂点儿哲学。但是，一谈到这些能力的培养，人们往往认为这是孩子长大以后的事情。然而，我作为一个多年研究方法学的人，觉得完全不必拖到长大以后，而是应该尽早开展，越早越利于孩子思维能力的开发和提高。

思维方法的训练，与总结能力相关。大家都知道一句话："失败乃成功之母。"这句话的价值，是让大家在遭遇失败后不要丧失自信。但是如果机械地、片面地理解这话，就容易出问题了。因为，失败不能自主导致成功，除非你经历失败后，能总结出经验教训才可能成功。所以我们不妨加上一句，让这个概念更完整："失败乃成功之母，总结乃成功之父。"

实际上，总结能力是概括事物本质的能力，它能让我们把握关键、掌握规律，以便以后成功。所以，从牧天四岁起，我就格外注意培养他的分析与总结能力，并在生活中不断地引导他。

有一天傍晚，我们在海口市的一条街道上散步。突然，路旁跑出来一头猪。这是牧天第一次看到活生生的猪，他马上兴奋地大叫："猪！猪！猪！"并撒开腿追了上去。五岁的小孩，哪能赶上那头健壮的猪？没过多久，猪就跑得无影无踪了。但看到一头活猪，他格外地开心，拿着一根小棍子，不断地甩动，似乎已经将猪赶上了，正"指挥"猪好好走路呢。

教育心理学上有一个原理：当孩子对某件事情特别兴奋的时候，就是最能让他吸收有关知识并进行思考的时候。于是，我让牧天来进行总结："你想一想，猪有什么本质特点呀？"

开始，他讲了十多点，我都觉得不够到位。后来他琢磨了好一会儿，突然激动起来，说："我知道了，我知道了。猪是这样一种动物——活着就是为了吃和被吃。"

那一瞬间，我真有一种被"惊"到的感觉，从"吃"和"被吃"这两个角度，来概括猪的本质特点，哪怕是一个大人，也未必能总结得这么好哇！然而，这样的总结能力，并不是天生的，而是后天不断培养孩子的兴趣，让他发展出来的。

在前文中，我们讲到牧天在参加军事夏令营之后，总结了一句话：第一时间面对，第一时间成长。这句话虽然看起来不像三年级孩子讲出来的话，但其实对我们而言，并没有什么值得大惊小怪的地方。因为，从四岁的时候开始，我们对他进行总结能力的培养，他能讲出许多有特点、有水平的"总结"。

一个更有意思的事情是，越总结得有水平，就越有成就感，越有乐趣，之后，总结就成了自我成长中很重要的一个组成部分，他就更加乐意去总结了。

我翻阅了一下牧天自发写的一些作文，以及出版的一些书，有许多总结都是"一语中的"，既精辟，又很有新意：

"越能学会自我管理，越能体会成长的甜蜜。"

"学会理直气和。"

"多是最牢靠的竞争力。"

"当我们不再向世界撒娇，就开始长大了。"

"口袋一时有钱，不如自己长久值钱。"

"平凡人活在梦想里，优秀者把梦想活出来。"

"弱者怕批评，强者讨批评。"

"战胜诱惑的最佳方式，就是远离诱惑。"

"别把低情商当成有个性。"

"要当'小太阳'，不当'垃圾人'。"

…………

看完这些，你是不是也会觉得这些话有道理也容易记住，颇有一定的水平？回想起来，我让牧天从小就进行总结和分析的思维训练，是绝对有价值的。包括他能写出字数那么多的自我管理日记，也与此有关。因为这份日记最大的特点，就是善于总结。

再来看如何让孩子将觉悟转变为行为。

在教育孩子的过程中，只"懂"是不够的，还要将他的感悟或觉悟落实于行动。

在我做培训的调研中，不少家长反映，当代的孩子有两个明显的缺点：一是"有触动，缺行动"，很多孩子并不是排斥道理，也不是不懂道理，但就是不愿意把道理落实到行动上去；二是"态度很好，就是不改"，他错了，你批评他，他接受，不与你顶嘴，但就是不改正错误，依然故我。那么，我是如何帮助孩子解决这两个问题的呢？

对第一点，为了让牧天强化这种落实力，我常常给他强调"知行合一"的价值，并以著名教育家陶行知的故事来引起他的重视。

陶行知最早的名字叫作陶文濬，他觉得知识与行动很重要，遂改名为"知行"，后又觉得行动比知识更重要，干脆改名为"行知"。他改名的故事，其实也是告诉我们管理好行动的重要性。

与此同时，只要孩子有觉悟了——不管是来自自己的感悟，还是来自其他地方的，都要尽早落实到行动上去。因为，只有落实到行动的东西，才是属于他的东西。

在上文中，我讲到一个情节：牧天总结军事夏令营最大的感悟是"我们最大的痛苦，是拖延着不去面对"，而"医治"痛苦的方法，就是"第一时间面对，第一时间成长"。如果按照一般的做法，往往就是夸赞孩子几句，让他以后好好做。但是，我趁热打铁，引导牧天思考平时生活中拖延得最明显的事情，以及指出该如何改正。他说是写家庭作业，于是我让他拿出方案来，进行真正的改正。他真的按照制订的方案做了，而且产生立竿见影的效果了。

这又是什么原理呢？

这就是教育学的"学习迁移"理论：把在某个领域获得的经验，运用到其他领域中去，产生更大的效果。具体到牧天的这次转变，就是把在军事夏令营学到的雷厉风行，变为在写家庭作业上的决不拖延。这样的迁移，其实也是将感悟落实于行为，落实到更好的实践中。

对于第二点"态度很好，就是不改"，我的做法也是一方面重视思想引导，如引用名言"修行就是修正行为"，告诉孩子自我管理有没有实际效果，在相当程度上都体现在你能不能促使行动向好的方向转变。另一方面，帮助甚至督促孩子，让他成为"改错"的行动者。

下面看一则牧天在《自觉可以练出来》一书中记录的日记：

关键词　世界上最长的距离，是耳朵到脚下的距离

人的习气是何等顽固啊！

今天蒸菜，蒸盘与碟子卡得太紧，我便用水果刀把碟子从蒸盘里拿出来。但是，我忘记了将刀及时收好。在去洗碗时，刀子不小心掉到地上，差点儿把我的脚伤了。

这样的事不是第一次发生。上星期，我做好菜后没有放好菜刀。后来不小心，让菜刀掉到地上，还将地板砖砸了一个小坑，那一次也差点儿砸到脚上。当时爸爸就说我这样不仅会伤自己，万一家里来了小孩子，这种危险物品不及时收好，很容易伤到他们。为什么我就改不了呢？

晚上，我在房间看书，爸爸看到了我读书的姿势，就直接冲进来把我从凳子上给拎了起来，让我坐好。其实，关于我读书喜欢弯腰，甚至缩成一团的姿势，不仅爸爸提醒多次了，我自己也明白不能这样做：因为脖子往前一公分，颈椎压力大一倍，还有腰椎也容易受伤害。可我为什么，知道这些道理却不能改变呢？

我与爸爸一起探讨了这个问题。作为一个富有经验的培训师，爸爸向我分享了一个观点：世界上最长的距离，是从耳朵到脚下的距离。

一个人的耳朵与脚，相距并不长啊？为什么这样说呢？爸爸解释道："耳朵是代表你听到了，脚下是意味着你落实到行动上了。对许多人，尤其是年轻人而言，这是极难的。原因是什么呢？爸爸继续阐述："入耳容易入脑难，入脑容易入心难，入心容易入行难。"

我懂了，学习不只是简单听到一些道理和知识，关键在于要将所学的东西用到行动中去。听到一些、懂得一些道理并不够，一定要在知行合一上多下功夫！

对这则日记，我给他写了两条评语。

第一，要明白再好的道理，只有把它变为行动，才是真正属于自己的东西。因此，一定要把"觉"与"行"结合起来。"觉"是觉悟，"行"是行动，有觉悟就立即付诸实践，不要拖延，一拖就成了惰性的奴隶。

第二，猴子不上树，多敲几次锣。

可能一次强调没用，那就逼着自己强调再强调，讲几次都行，次数越多效果越好。其实，将好的感悟落实到行为，最好的结果是养成好的习惯。关于这一点，请看本书第九章"如何养成自我管理的好习惯"。

3. 让孩子更能懂的艺术

很多时候，我们大人的经验、阅历比孩子多，的确可以提供给孩子很多重要的正能量。但是当我们把这些道理原封不动地讲给孩子听时，却没有收到什么效果，因为我们讲的这些，孩子无法领会。

我的经验是抽象与形象结合、观点与故事结合、日常生活与重要道理结合。用"形象、故事、日常生活"这些孩子们容易懂的东西，让孩子理解那些难懂的东西。

在回顾成长历程时，牧天对如何把自身的成长与外在的成功结合起来，感受很深。有一次，他在北京，我们一起去电器店。儿子与我聊到，他很佩服苹果公司的创始人乔布斯，认为乔布斯是能推动世界进步的人。我问他是否知道充满创新精神的乔布斯，与东方文化也有很深的渊源？

牧天摇摇头。我告诉他，乔布斯年轻的时候不仅在事业上突飞猛进，还曾为了研究佛教专程跑到印度学习禅修。不仅如此，他经历过创办苹果公司又因为狂妄被苹果公司董事会开除，之后又重整苹果公司，使它真正成为全球最有名的创新公司的过程。之所以有这样的变化，其中重要的一点是，乔布斯能通过不断地认识自己、改进自己，最后脱胎换骨。这与禅宗的"向内看"和修行的概念，密切相关。

那天，天气很好，牧天看见窗外的几棵树，长得枝繁叶茂，迎风起舞。他流露出享受的神情，哼起了小曲。看到他这种神情，我觉得此时正是引导他的好时机，便问他："人的成长和树的成长其实是一样的，你知道是什么吗？"

他想了一会儿没想出来，希望爸爸"指点"。我便说："你看，树不仅要向外生长枝叶，还要向内扎根。如果树的根扎得不够深，在地下延伸得不够广，那它的枝叶就无法长得茂盛，也就无法伸展开来。反过来，如果枝叶长得不开阔，那么这棵树的根肯定扎得不深，延伸得也不够广阔。我们人也是一样，既要有外在事业的发展，也要有内在的修为，而这两者是互相依存、互相促进的。优秀的人，要学会内外兼修。当然，从性格上讲，也要学会外向与内向的统一。"

当天晚上，牧天在日记中写道：

爸爸用树对成长与成功的阐述，真是别开生面。他让我明白了要有外在的成功，必须加强内在的修行。同时，爸爸的做法，也让我悟出了一个好的学习理念：要学习的东西不只在书本中，生活中也有大学问、大智慧啊！以后，我要有在生活中学习、在学习中生活的学习态度。

看，用孩子容易接受的形象与语言，讲述一个不是很好懂得的道理，结果，孩子不仅懂得了这个道理，还悟出了更多的道理。

《人民日报》的一篇文章曾经把家长分为五个层次，这五个层次就像金字塔一样，越往上，人越少：

第一层，舍得为孩子花钱；

第二层，舍得为孩子花时间；

第三层，开始思考教育目标；

第四层，懂得改变和提升自己；

第五层，让孩子成为他自己。

"千般逼万般宠，不如孩子自己懂"，就是要让孩子更好地成为他自己。

第五章

替孩子等于害孩子

中国家长最大的问题之一，就是什么都喜欢为孩子包办代替，从小时候为他背书包，到大了为他操心和解决各种问题。

这样做的结果是什么呢？一方面是累坏了家长，另一方面是抑制了孩子的成长，实际上是以这份满溢的爱，伤害了孩子。

只有让孩子学会"心理断乳"，去掉依赖，才能真正成长。

1. 不用自己的肩膀代替孩子承担，不用自己的脑袋代替孩子思考

孩子有孩子的肩膀，应该承担自己的责任，孩子有自己的脑袋，也得学会思考属于自己的问题。在这方面，我坚决反对家长越俎代庖。

（1）去掉依赖感，孩子才会真正长大

有一年5月，牧天结束了在美国的交流学习，准备回国。为了给家里省钱，他在不同的回国航线中寻找最便宜的，发现如果从加拿大转机，可以节省3000元人民币。但是由于缺乏经验，他忘记办理过境签证了。

在加拿大过境时，遇到一个态度极为恶劣的海关工作人员，他把牧天的护照一摔，训斥道："想非法入境是吧？给你个机会，从哪儿来回哪儿去吧！"说完，就要把他遣返美国。

牧天当时非常着急，不断解释自己只是来加拿大转机，并没有移民倾向。但是那个海关工作人员态度更加凶狠，根本不听牧天解释，而是一声"狮子吼"："啰唆什么？都给你机会回美国了，再狡辩，我随时都能逮捕你！"说完，他拍了拍腰间放手铐的皮盒子。

一个刚满18岁的孩子没想到会遇到这种情况，他不由得慌张起来。当时正值中国的深夜，他不想打电话让父母受惊吓，决定凭自己的力量，把问题解决。

牧天很严肃地说："我要求跟你们这里的负责人说话，否则我可以投诉你

恐吓我。"一个本来很慌张的孩子，突然换上了这样一种无畏的表情，实在出乎对方的意料。工作人员的语气立即软下来了，之后，他把牧天带到移民办公室，让牧天见负责人。

见到移民官后，牧天很真诚地向她解释自己是学生，之所以转机加拿大，就是为了省钱，买了网上最便宜的票。同时，现在家里人也都盼着自己快点儿回去，他绝对没有移民的倾向。他的解释合情合理，同时也赢得了移民官的理解。最后，奇迹出现了，移民官决定帮他一个忙，让他办一个临时过境的手续，于是他顺利登上了回国的班机。回家后他提到这件事，我再次为他在出现问题时能勇于面对、凭自己解决问题的做法而高兴。而他，也再次增强了独自解决问题的信心。

这件事，以及其他一些事，让著名的家教专家、"知心姐姐"十分赞赏。她同时也对我能如此放开手，让孩子自己长大的做法大加赞赏。在有关文章中，她热情地评价说："吴牧天的自我管理实践，让我眼前一亮，让孩子管好自己才是一条光明的家教道路。"

卢勤老师进一步指出，牧天的成长之路给家庭教育提供了三点启迪：

第一，管孩子还是让孩子自我管理？现在管和被管及不想被管已经成为很大的矛盾。家长不管，孩子会出事；管孩子，孩子又不想让你管。牧天的成长恰恰提供了让孩子自我管理的思路。父母不在身边，孩子能管好自己，才是最成功的家庭教育。

第二，"替"孩子等于害孩子。不少家长老想替孩子做这做那，但是这样会害了孩子。社会上这样的例子比比皆是。其中最大的教训是，父母没有让孩子从小培养对自己的行为承担责任的意识，孩子出了事都是父母出来搞定，这种行为致使孩子从犯错走向犯罪。事实证明，"替"孩子等于害孩子。而我们最成功的一点，就是让孩子对自己的行为负责任。

第三，放手才能放心。现在社会上不安全的因素很多，所以家长一般不敢放手。事实上，家长不可能一辈子都陪在孩子身边，关在"笼子"里的孩子缺乏自我保护能力，只要出来就容易出事。所以我们不要总想着准备好一切去迎接孩子，而应该让孩子准备好一切去迎接未来。

（2）决不说"你只要读书，别的一切你都不要管"

"你管好你的学习就行了，别的不用你操心。""只要学习就行，其他啥也不用做。"这些是很多家长经常讲的话，从他们的本意来讲，是认为"学习大于天"。

我不反对学习的重要性，但反对一切为学习让路，因为这样做，就是让孩子丢掉了其他方面该尽的责任，无法全面发展，而且也难以体谅父母，变得冷漠自私。所以，在教育牧天的问题上，我们一直坚持不替他做他分内的事，而且从小就让他学会做基本的家务。

高三那年，他要作为交流生去美国学习。出国前几个月，他到新东方学校培训英语。

按理说，那段时间是学习最紧张的时候，但我要求他承担家里所有的家务，每天要把房间打扫得一尘不染，而且每天晚餐要四菜一汤，有荤有素，还要尽量变换花样。对于我的要求，16岁的牧天开始有些不习惯，但后来越做越好，有的菜甚至做出了中等饭店的水平。

对于牧天的表现，我很满意，开玩笑地对他说："照这样下去，将来你也许会成为一个名人，也许你会出自传，那你就能这样写：'我在做饭的时候，爸爸在客厅弹吉他；我在擦地的时候，爸爸在沙发上看报纸。我不仅是学习上的强手，也是生活上的能手。这就是我——吴牧天，一个真正的极品男人！'"

哈佛大学进行过一项调查研究，得出了一个惊人的结论：爱干家务的孩子和不爱干家务的孩子，成年之后的就业率为15∶1，犯罪率是1∶10。在孩子的成长过程中，家务劳动与孩子的动作技能、认知能力的发展，以及责任感的培养有着密不可分的关系。大人总是插手、帮忙甚至代办，就会助长孩子的依赖、逃避心理。

让牧天在学习最紧张的时候进行家务锻炼，其实并不多余。他很快就感受到了做家务带来的甜头。高三在美国交流时住在寄宿家庭中，那户人家有三个小孩，每个都比他小，如果他不会做事，岂不成了别人的负担？但是他不仅能把自己的事做好，还能主动地为寄宿家庭分担家务，包括打扫院子、修剪草坪、照看弟弟们等。就这样，他以最快的速度融入了寄宿家庭，而且成为很受欢迎的人。

其实，和牧天一样，任何一个孩子，只要给他们尝试和锻炼的机会，他们都可以做得很好。

（3）让孩子学会自己思考，决不代替孩子思考

我一直重视培养孩子的独立思考能力。孩子在问问题、写作业的时候，我很少直接给出答案，而是引导他先思考。他做了某件有意义的事，或者犯错了，我也尽量不直接告诉他该从这里学到什么，而让他先反思、总结，然后告诉我答案，最后再把我的意见与他交流。

此外，还有很重要的一点：要有主见，不要人云亦云。有自己的主见，会使孩子越来越聪明，更好地成为解决问题的高手。同时，他也能不迷信权威、坚持真理，并因此赢得更大的认可与赞美。

牧天刚学物理的时候，我们就让他读爱因斯坦等科学家的传记。他特别敬佩爱因斯坦勇于对时间、空间等大家司空见惯的现象产生质疑的精神，正是这种质疑精神，促进了相对论的产生。牧天也较早地认识到，我们可以尊重权威，但绝不要迷信权威。如果权威有哪点不对，自己也可质疑。

在一次物理考试中，牧天发现，竟然有一道选择题里没有正确答案。但是，考试怎么能没有正确答案呢？牧天经过仔细分析，觉得可能是老师不小心把速度的单位写错了，本来应该是"米"，老师可能错打字打成了"千米"（因为牧天用"千米"算没有正确答案，但是用"米"算就有正确答案）。于是牧天就在题号后写了"我认为没有给出正确答案"，然后在试卷的最下面写下了自己的理解和正确答案，就这样交了考卷。

考试成绩揭晓后，老师讲解试卷时间，考题里有一道题目有问题，大家有没有发现，结果谁都没作声。老师接着说，某道题是他故意写错的，想看看大

家的学习态度是否严谨，全班只有吴牧天一名同学发现并指出了问题，并且在答题纸的下方附上了那道题的正确解答。之后，老师号召大家向牧天学习，并告诫大家："在科学这个领域，永远不要认为权威就是正确的，有不同的看法要勇于提出，勇于质疑。这样不仅能让大家更接近真理，也更能把一个人最强的研究精神和研究能力发挥出来。"

我们研究过著名科学家爱因斯坦、居里夫人等人的成长历史，他们无一不是因为具有独立的思考能力，敢于怀疑，而取得突出成就的。

在江苏教育电视台做节目时，一位当地的专家作为嘉宾参加了节目，他对我们的做法大加赞赏："许多家长太喜欢参与孩子的生活，太喜欢为孩子思考，结果却抑制了孩子脑细胞的发育，抑制了他的成长。我们要避免那种'有毒的爱'。只有像吴先生这样勇于让孩子自己思考的家长，才是真正对孩子负责的家长。"

2. 孩子是父母的宝贝，但未必是社会的宝贝

现在的孩子，在许多家长眼里都是超级宝贝，就像通常讲的那样，"含到嘴里怕化了，捧到手中怕掉了"。我不反对爱孩子，但是得提醒广大家长一句：你有没有想过，你现在给他过分的宠爱，他将来能不能适应社会？

在牧天很小的时候，经历过一次"恐龙玩具"事件。那实际上是我们有意识地对他进行的一次挫折教育。从牧天降临到这个世界上的那一刻开始，我们

就和所有父母一样，心中除了对孩子满满的爱，就是对他的祝愿：希望他的人生一帆风顺。但是随着孩子一天天长大，这种"一帆风顺"的信念也逐渐动摇了：这个信念不过是我们一厢情愿的祝福而已。刚进幼儿园不久，自信满满的牧天没被选上舞蹈表演队，他为此心情失落了好几天。这让我们开始意识到，必须让他早点儿学会如何面对挫折。终于有一天，我们找到了教育他的契机。

那时的牧天，最喜欢的就是恐龙玩具。一天晚上，我下班时，在家门口的桥边，看见有个小贩在卖恐龙玩具。我想给牧天买一个，却发现忘记带钱了，于是问清了价格，和小贩说好第二天再来买。第二天，我带他去了玩具摊。看到自己心爱的玩具，隔着老远，牧天就甩开我的手冲了过去，激动得小脸通红，围着玩具摊一边跳一边叫："我要恐龙！我要恐龙！"

当我掏出20元递给小贩时，没想到小贩坐地涨价了："30元一个！"

"昨天不是说好20元的吗？！"我有点儿生气。

小贩翻翻眼皮说："今天要30元！孩子这么喜欢，当爸的还怕多花几块钱？"同时，小贩狡黠地看了一眼旁边急不可耐的牧天，然后将恐龙玩具取下来塞给欢天喜地的牧天。

如果换了别的家长，看孩子那么高兴，很可能就忍气吞声买下了。毕竟，谁忍心为了区区10元钱而剥夺孩子的快乐呢？牧天已经将玩具拿过来了。就在这一瞬间，我突然想到，这孩子经历的一切都太顺了，如果要什么就给什么，养成这样的习惯，那不是非常可怕的事情吗？于是我决定不买玩具，牧天伤心、生气得在地上打滚，但我还是没有答应他的要求。当然，我后来买了其他不错的东西给他，不至于对他幼小的心灵造成不必要的创伤。

当天晚上，牧天的妈妈和我主动与牧天沟通这件事情，除了让他懂得不要轻易向那种欺负你的人"投降"之外，还用他能听懂的语言，告诉他一个道理：生活不会对你有求必应，你是爸爸妈妈的宝贝，但将来未必是社会的宝贝。

这样的教育，对牧天的影响是很大的。从那以后，在日常生活中，我们经常有意识地对牧天进行引导。比如上小学时，他羡慕同学穿名牌鞋，提出让我们买，我们会毫不犹豫地拒绝；就算买生日礼物，我们也会有要求，例如可以自己选，但价格上有限制，不能超过100元等。不过，有一样东西，无论牧天什么时候提出要求，我们都不会拒绝，那就是买书。

我们觉得，期望孩子一帆风顺的愿望是美好的，但教给孩子人生的真相更重要。既然人人都免不了经受挫折，那么提前打好"挫折"这剂预防针，孩子的成长才有可能真正顺利。

该如何进行"挫折教育"呢？

第一，挫折教育越早进行越好。让孩子从小知道，自己并不是世界的中心，没有人会对他有求必应，生活中的事情也并不一定会按照他期望的那样发生。这样，当孩子遭遇挫折时，就不会感到惊慌失措，也不会一点儿压力都承受不起，而这恰恰是使孩子的人生变得顺利的根本。

第二，挫折教育不一定非要等到发生什么大的事情再去进行，而是在日常生活中，随时随地都可以进行。

第三，当孩子遇到挫折时，要告诉他正确的解决方法。例如，当孩子失败时，不要只是轻描淡写地安慰"没关系，下次再努力"，而是要帮助孩子分析失败的原因，以及今后的改进方向，让孩子很快从失败中找回自信。

牧天慢慢长大后，就像我们所预料的那样，他不可避免地遇到了很多问题，甚至也受到过一些委屈或不公平的待遇。但值得庆幸的是，由于从小给他打"预防针"，他基本上能做到勇敢面对，主动找方法去解决问题。

牧天高三在美国时，曾过了一个很失落的圣诞节。尽管那时的牧天已经17岁了，但他对圣诞节还是充满了期待，因为这是他第一次在美国过圣诞节。

圣诞节前，牧天不仅为寄宿家庭的六位成员都买了礼物，而且还给寄宿家庭孩子们的爷爷奶奶，以及姨妈买了礼物，写上他们各自的名字，然后放到了圣诞树下。在给所有人买圣诞礼物的同时，十七岁的他，当然也在想象着自己能收到一些像样的礼物。然而，圣诞节那天的情景却出乎他的意料。下面是他当天写的日记。

今天挺激动，也挺期待，老早就起床了，然后坐在圣诞树旁等着大家起来一起拆礼物。可是，这个圣诞节，并不是我期待的那样……

我以为这会是从早到晚都很开心的一天。然而一大早，的确大家都很开心，当然，或许要除我之外。

圣诞树下有好多好多礼物，一个孩子钻下去，迫不及待地开始分礼物。分了好久好久，终于等到了我的第一件礼物……然后等啊等啊，只见到大家的礼物堆得越来越高，大家都开始猜礼物盒里是什么，我却只拿到一件礼物，看着圣诞树下的礼物一件件变少，一直到最后。

大家拿到礼物了，都迫不及待地要开始拆。这个时候，一个弟弟边准备拆礼物，边看着我说："哇，你只有一件礼物，那太伤感了……"我就笑笑说："不伤感。"

跟我关系比较好的那个大一点儿的孩子听到了，很惊讶地看看我手里的东西，问道："为什么他只得到了一件礼物？"

没人说话……空气里只剩下包装纸被揉成一团的声音。我那个时候已经觉得很难受了，我只好给自己个台阶下，说："可能是因为中国人不庆祝圣诞节吧。"

之后大家继续拆礼物，我看到了一张张欢乐的笑脸，但是我笑不出来。我迟迟不肯打开礼物，因为别人有的是礼物可以拆，我却只有那么小小一件，拆完了我就没有了。

寄宿家庭的爸爸拆开我送的车载咖啡杯，还有巧克力味的咖啡，以及爸爸妈妈寄过来的筷子和笔之后，不停地说"谢谢"，眼睛都是亮的。寄宿家庭的妈妈拆开京剧脸谱、笔和梳子的时候，迫不及待地就跑去卫生间试试梳子梳头的感觉。三个孩子拆开功夫娃娃，看到小人滑稽的脸笑得咯咯咯的，开心极了；当拆开两个中国结的时候，三个孩子感叹说，从来没见过这么漂亮的东西。哈哈，看到他们这么喜欢我的礼物，我心里好受一点儿了。

最终，我还是拆开了我的礼物，是一件T恤，麻省理工学院的T恤，哈哈，不管怎么说，我很喜欢，因为那是我最梦寐以求的学校。

我拿着礼物回到房间，打开电脑，看到好多人在微博上、QQ上说自己收到了多少多少礼物，有多高兴。我默默地合上电脑，告诉自己："别去看了，别去比了，比较是最让人难过的。"

我想起一句话，这句话应该是比尔·盖茨所说的吧——这个世界是不公平的，要学会适应它。是啊，只有学会面对，学会适应这个世界，才能够成为一个内心强大的人。

当天晚上，我们和牧天在网上聊天时知道了这一切，也安慰了他。

坦率地说，我们当时的情感很复杂。一方面，我们觉得牧天已经17岁了，为一件这样的事深感失落，没有必要。另一方面，我们也能体谅孩子的心情。毕竟他是第一次过真正的圣诞节，还给对方全家准备了这么多的礼物，而当大家都在欣喜中拿到一件接一件的礼物时，他却只能拿着一件礼物尴尬地站着。也许我们作为局外人会看得开，也许他过了一段日子会想得开，但对成长中的孩子而言，那一刻的体验的确很真实，尴尬就是尴尬，委屈就是委屈，疼就是疼，我们怎么能轻易否定呢？

对于这件事，我很快就想通了。在孩子的成长阶段中，在他觉得一切都很好的时候，突然体验一下与自己设想的不一样的生活，不是能让孩子尽早从象牙塔中走出来吗？如果孩子能及时调整自己，谁说这些经历不会让他更快成长呢？

让我们十分欣慰的是，牧天很快就调整好了自己。第二天一起床，不仅跟寄宿家庭的所有人愉快地聊天和玩耍，而且还主动请他们到饭店吃饭，感谢他们这么多日子以来对他的关心与照顾。

第二天晚上，我们收到了他的日记，里面写了下面这段话：

　　为什么呢？因为一平静下来，我很快就想通了：

　　第一，寄宿家庭一直对我很好，一直把我当成他们的孩子呵护关照，这次不是他们有意让我难堪，顶多算是一次小小的疏忽吧。

　　第二，就算我送了他们那么多礼物，而我得到的只有一件，那也不存在什么不公平。因为这一件礼物，已表达了他们美好的心意。其实，他们以往对我付出的，远远比我送的这些礼物多啊！

　　所以，我应该对他们感恩才是，我利用这个机会回报他们是应该的，我不仅不该有任何不满和抱怨，还应该找更多的机会感谢他们！

　　看完之后，我们一颗悬着的心放下了，我们知道，孩子已经找到了适应世界、与世界和谐相处的钥匙了。

　　尤其让我们感到高兴的是，他能换个角度看待问题，不仅很快调整好了自己的情绪，而且还提升了精神的境界，增强了内心的力量。这实在太棒了！这才是他收到的最好的圣诞礼物！

　　记得有一次我采访中国青年政治学院的一位副院长，他提到中国教育的一大问题，就是学生们的适应能力太差，所以一走上社会就会觉得处处碰壁。说得很有道理。

　　牧天在这次经历后，又有什么新的收获呢？他说："一个人越能调整自己，就越能改善世界！"我则分享了这样一个理念，来进一步勉励他："越能适应不如意，越能活得惬意！"

是的，孩子虽然是爸爸妈妈的宝贝，但我们不能奢求孩子也成为社会的宝贝。所以，我们不应该也没必要代替孩子去尽他该尽的责任。让他去经历他应该经历的挫折，吃点儿苦、绕点儿弯，都是可以的。因为，这些经历，都是他成长的养料。

3. 自我负责的三大要点

很多父母问我们，你们一直强调孩子的自我管理，那自我管理的核心究竟是什么？其实，自我管理的核心很简单，那就是自我负责，其中包括三个方面。

（1）自己的事自己做

自己的事情自己做，是不推诿的表现。也就是说，自己的事只能自己去做，要学会独自面对问题、解决问题。

去美国上大学的前几天，牧天上网查邮箱，看是否收到负责接机的学长发来的行前通知，通知他接机报名成功。可是他找了半天也没找到，而按照之前的约定，邮件当晚10点左右就会准时发到各个报名同学的邮箱。

牧天有点儿着急，如果接机没有报名成功，就意味着他要自己从机场坐车去学校，而不是跟着团体走，不方便不说，安全系数也会降低。于是他赶紧跟普渡大学接机总负责的学长联系，学长一查手上的接机名单，有他的名字，让他不用担心。但牧天还是不放心，继续问，既然这样，为什么没有在约定的时间收到邮件？别的报了名的同学会不会也有这种情况？于是他提出，希望学长联系一下负责统计名单和发邮件的人，看看究竟出了什么问题。

过了二十几分钟，牧天收到了统计者发来的邮件，对方在邮件里向大家道了歉，说本来设定了邮件定时发送，然后就出去和同学玩了。刚才经过学长的提醒，才发现邮件并没有发送成功，于是立刻给大家重新发了。接机总负责的学长后来还给牧天发了条消息："你所在的那个名单里有那么多人，可是只有你一个人关心名单是否有误，你的独立生活意识很强啊。"

对此，牧天认为，自己的事得自己做，自己的路要自己走，不要把你分内的事推给他人。后来，他还一次次地深化了这个理念。有一次，他在电视里看到这样一句台词："跟每一个依赖别人的念头战斗，你才能长大。"这句话又一次触动了他。以后他更强调向依赖别人的念头宣战，将自己该做的事，做得更好了。

（2）该做的事情立即做、提前做

对于父母来说，孩子最让人头痛和恼火的毛病之一就是拖延，做什么都慢腾腾：起床要拖，吃饭要拖，写作业更要拖……有些性子急的父母甚至说："每当这时候，我都恨不得手里有个按钮，一按孩子就能像机器人那样立即动起来。"

牧天同样有拖延的毛病。为了让他改掉这个毛病，我们下了一番工夫。除了在军事夏令营之后，引导他一回家就立即做作业之外，我们还给他讲列宁、居里夫人等名人善用时间的故事，并让他在方方面面锻炼自己果断、快速做事的习惯。后来，牧天不仅渐渐改掉了拖延的毛病，还学会了该做的事情立即去做，很多时候甚至还会提前把事情做好。

下面是他第二次去美国大使馆办签证的经历。

面签的前一天晚上，他没有选择住在我们北京的家里，而是选择住到了大使馆旁边的一家经济酒店里。我问他为什么这么做，他说："办签证的人很多，这个时间段可能人更多。我怕早晨起来打不到出租车，或者被别的什么事情耽误了，还是住在大使馆旁边更好。"

第二天，他一早就去排队，是第三位到的人。果然，大使馆一上班，他很快就办好了签证。当他走出大使馆时，才发现队伍已经排了近百米长！

去办签证的前一天晚上，牧天还邀请了一个同学与他一起住酒店。但那位同学坚持认为自己能把握好时间，所以没有来。牧天办好签证出来时，看到自己的那位同学，正愁眉苦脸地在烈日下默默地擦着汗。根据上次办签证的经验，他可能要下午三点以后才能办完手续了。这位同学见牧天这么快就出来了，十分惊讶。牧天忍不住说了句："早起的鸟儿有虫吃！"

其实，这种立即做、提前做的习惯，让牧天在学习、生活中处处受益。他感慨道："有任务的时候，应该尽量把任务往前推，之后的时间就机动了。以后我要牢记这一点。"

（3）假如那件事值得你去做，就值得你去做好

把事情做好就是不敷衍。这是我们在牧天小时候就开始教育他的一句话。

对于这句话，我们是这样理解的：首先，如果定好了标准，就绝不打折扣；其次，要尽量做到好得出乎意料。

牧天住在美国寄宿家庭时，有一天，寄宿家庭的爸爸计划将后院的草地都修剪好，但突然腰有些疼。牧天二话不说，立即主动承担了修剪的工作。修剪完后院，他发现前院也该修剪了，干脆全做了。当他满头大汗回到房间时，寄宿家庭的爸爸妈妈十分感动，说："像你这种乐于帮忙的人，走到哪里都会受欢迎。"

还有一次，他在国内，急着要买回美国的机票。他一直是找普渡大学的订票点订票，但这次因为人在国内，遇到周末无法及时办理外汇转账手续的情况。他正着急，对方的经理却打电话给他，说愿意帮他垫钱先出票，过两天再给他们汇款就可以了。

对方为什么这么信任牧天呢？经理说，牧天每次买票时付款都非常快，比大多数学生都要快一些，而且更令他们难忘的是，牧天曾义务帮他们做过一些工作。对这样一个既有信誉又有服务精神的学生，他们怎么能信不过呢？

负责精神是自我管理的灵魂。广州十七中学被誉为"省长的摇篮"，曾组织全校学生学习《管好自己就能飞》。校长陆小林说："实现'中国梦'，需要打造负责任的一代。《管好自己就能飞》所倡导的'自我负责，自我管理'，正是教育界实现'中国梦'的关键。"

当你让你的孩子掌握了上述三点，他就是一个能自我负责的孩子了。

第六章

最好的教育是自我教育，最好的管理是自我管理

自我管理的形成，首先来自于自我教育。

正如苏联著名教育家苏霍姆林斯基所言："只有能够激发学生进行自我教育的教育，才是真正的教育。"

联合国教科文组织21世纪教育委员会更是明确指出："必须把教育的对象变成自己教育自己的主体，受教育的人必须成为教育他自己的人，别人的教育必须成为这个人自己的教育。"

孩子不应只是被动接受教育的学生，孩子更应是能自己教育好自己的老师！

1. 千回灌输，不如一次体验

在对孩子的教育中，很多父母习惯的做法就是灌输，用一大堆冠冕堂皇的大道理要求孩子做什么、怎么做。且不说这些大道理往往容易引起孩子的逆反心理，即使这些道理很对，孩子也不逆反，但你讲得天花乱坠，孩子还是听不懂，这样的灌输又有什么意义呢？这时候，我们不妨对孩子进行体验式教育。

在前面的有关章节中，我与大家分享了两件事：一是通过参加军事夏令营，三年级的牧天改掉了不少臭毛病；二是通过让他到山村孩子李腾芳家中与之一起学习、生活，牧天完成从"要我学"到"我要学"的转变。这两件事，其实都是体验式教育。

在有关研讨会上，著名家教专家、"知心姐姐"卢勤，对我们这种做法大加赞赏，甚至说出一个精辟的观点："父母送给孩子的最好礼物就是体验。"那么，为什么体验式教育对孩子的自我教育如此重要，而这些体验式教育又需要注意哪些关键点呢？

（1）对孩子而言，间接经验远远不如直接经验

人的成长和发展，离不开经验的积累。而经验，分为直接经验与间接经验。对大人而言，借鉴别人的经验，往往是最有效的发展方式之一。所以，多听一些道理，可能更容易提升自己。孩子对间接经验往往缺乏切身的感受，所以道理再好，很多时候也难以引起孩子的共鸣。但是，你若让他去体验，他就得到了直接经验，效果那就大不一样了。对此我有深刻的体会，最早的体会来自牧天的一次转变经历。

在牧天大约三岁的时候，有一次，我们为他买了20多只小乌龟，养在小盆子里。他很喜欢这些小乌龟，常常去观察它们的生活状况。一天，牧天正蹲在盆边玩乌龟，我仔细一看，不由得大吃一惊，牧天竟然要将小乌龟弄死！只要将小乌龟们的壳掀开，这些乌龟就完蛋了。在他那双"灵巧"的小手下，已经有十多只乌龟肚皮朝天了。牧天还在忙得不亦乐乎。我问他在干什么，他头也不回，说："玩小乌龟呀！"我强忍着怒气，拿起他的小手，重重地掐了一下。他刚开始没反应过来，没几秒钟就惊慌失措地大叫起来："爸爸你为什么掐我？疼死我了！"

我问他："我掐你，你觉得舒服吗？"他含着泪花说："不舒服，疼得受不了！"

"你还想别人这样掐你吗？"

他不停地摇头："不！不要！"

这时，我告诉他："刚才掐你，你很疼。那你知不知道，你那样去弄乌龟，乌龟比你更疼。你不愿意让别人掐你，乌龟一样也不愿意让你掀开它们的盖子。只不过它们没法像你这样叫出来。你说，乌龟可不可怜？"

看得出来，这段话对他有很大的触动。之后，他用手去碰那些肚皮朝天的乌龟，可是它们都不动了。他不解地问："小乌龟为什么不能动了呢？"我告诉他："那些乌龟疼得受不了，都死去了。你以后再也不能和它们玩了。"听了我的话，他的确有些后悔了。我问他："你还会像刚才那样去弄乌龟吗？"他拼命地摇头。我接着对他讲道："要知道，乌龟也是一条生命，我们不应该强加给它痛苦啊！"

这件事过去几个月后，我带他去海边。我看书，他自己一个人在沙滩上玩。为了给他找点儿乐趣，我在沙滩上挖了一个小水坑，抓了一只螃蟹放进去，让牧天逗螃蟹玩。黄昏时，我们该回家了。我看到儿子对这只螃蟹依依不舍，便捡了一个塑料袋，盛了些海水，将螃蟹装起来递给牧天，说："给你，带回家里也能和它玩。"牧天高高兴兴地拿着螃蟹往家走。但走着走着，他脚步停了下来。我问他为什么不走了，他说："螃蟹也是一条命啊。我们还是把它放回大海里吧！"

我笑着点头。看见陪他玩了一下午的螃蟹消失在海水中，他有些惋惜，但很快就高兴起来，牵着我的手回家了。

听到他说"螃蟹也是一条命"，并把螃蟹放归大海时，我对这个孩子充满了爱怜之心，同时也思考着前段时间发生的"乌龟事件"：无知的孩子把小乌龟弄死时，家长还能用哪些方式教育孩子呢？

有的家长可能会给孩子讲大道理，告诉孩子要尊重生命；有的家长可能会上纲上线，指责孩子残暴。讲大道理，孩子未必懂。指责孩子尤其是给孩子贴上"残暴"的标签，可能会对孩子造成心理阴影，或使他们养成不好的性格。采取这种弄疼他的手的方式，让他对折磨和痛苦有亲身的体验，孩子往往更能理解这些道理。

亲身体验带来的直接经验，让孩子不仅容易明白其中的道理，也容易有情绪和情感上的体会，能起到自我教育的作用，但家长需要注意程度，不要上升到以暴制暴的极端上。

（2）体验更容易让孩子产生自我突破的快感

孩子的自觉与自我成长密切相关。而孩子们能不能自我成长，往往取决于他们能否享受到自我突破的快感。最近，我与儿童文学作家余娟合作出了一套奇幻成长小说，叫做《少年自我突破书》，讲述成为"自觉型孩子"需要解决的三个基本问题。我把这三个问题，形象地称为"一个中心，两个基本点"：

一个中心：如何摆脱依赖，学会自己长大（《奇幻国成长记》）。

两个基本点：如何从"要我学"到"我要学"（《爱上读书的小树精》）；如何主动处理好与别人的关系。（《骑着鸽子上学去》）。

这三个问题，实际上是当今家长要让孩子重点重视、进行自我突破的问题。那么，什么是作为自我突破呢？我们在该丛书的序言中，写了这样一个比喻：

一个鸡蛋，从外面打破是食物，从里面突破是生命、是成长。当孩子像一只小鸡那样破壳而出的时候，他哪能不感到格外欣喜呢？

下面分享一个引导牧天进行自我突破并让他充分享受这份快乐的故事。

我是一个很喜欢游泳的人。在长沙工作时，我常常横渡湘江；在海南工作时，我也可以一个人在海中游到一两千米外。在牧天很小的时候，我就给他套上游泳圈，带他一起去海里玩。后来，我们父子俩数年不在一起生活，牧天来北京时，我惊讶地发现，他竟然是个不折不扣的"旱鸭子"。

我带他和他表弟彦博一同到小区的游泳池学游泳。彦博虽然也不会游泳，但是他敢于下水，学习几天后，就敢"扑腾扑腾"往较深的水域扎了。反观牧天，几天过去不仅没有丝毫长进，还常常在游泳池旁发呆。他很纠结：不下水的话，会丢人；下水的话，又学不好。

　　我不断鼓励他，告诉他方法。但是，不知为什么，在陆地上生龙活虎的他，到水里却很笨重，一游就往水底下沉。在呛了几口水之后，他的自信荡然无存，打起了退堂鼓："我不是这块料！这辈子我都不想再游泳了！"

　　于是，我决定借此机会对牧天进行一番关于成长的教育。我叫孩子们都到游泳池上面，看着我游泳。我从游泳池的一头，一个猛子扎到水里，之后就一直在水下潜游，直到抵达游泳池的另一边，才冒出水面来。说实话，这样做有点儿难度，因为两边的距离少说也有50米。

　　当我从泳池另一边探出头来，向他们挥手时，看到这两个孩子，先是满脸担忧的神情，之后是一阵欢呼。我再游回去，游到了他们面前。这时候他们纷纷说出自己的感受。彦博说："大舅舅，你真了不起，你怎么能游这么远啊？"

　　牧天说："爸爸，真不敢相信，刚才总不见你出来，真把我们吓坏了，我差点儿去叫别人救你呢！"

　　我笑着问："你们也想像我这样游泳吗？"彦博不断地点头。牧天也点头，但随即摇头："不过，我不是那块料……"接着又问："爸爸，你是多大的时候学会游泳的呢？"

"大约五岁吧！"

两个孩子大吃一惊，这怎么可能呢？赶忙问详细的经过。于是，我告诉他们："我其实和牧天一样，曾经也很害怕水。但在五岁时发生了一件事，让我彻底摆脱了对水的恐惧。"

那天，我跟着妈妈去河边玩。妈妈洗衣服，我在岸边玩水。当时正是夏天，有很多人游泳，我想去玩，但是由于不会游，所以不敢下去。这时候，有个伯伯走过来，问我是不是想游泳，我点了点头，随即又告诉伯伯，自己害怕，不敢下去。那个伯伯就说："如果你真想游泳的话，其实很简单，跳下去就可以了。"

尽管小河的水并不深，但年幼的我还是很怕。谁都没有料到，这位伯伯竟然趁我不注意，把我往水中一推。我慌了神，小手不断地划，同时嘴里不断地呛水。我妈妈回头一看，吓坏了，赶紧跳到水中去救。与此同时，那位伯伯也跳入水中，守在我的前面，保护我。

我妈妈一边把我抱起来，一边骂那位伯伯。可是，我虽然呛了不少水，但也由此破除了对水的恐惧。这时的我不仅不怕游泳，反倒很喜欢了，于是我主动要求妈妈和那位伯伯为我"护航"。反来又通过不断地练习，我便学会了游泳。

两个孩子听故事听得入了神。我接着对他们说："虽然要学好游泳，不应该采取那位伯伯的手段，太极端了，也十分危险。但是这件事给了我们一个启示：要学会游泳，最关键的不是掌握技巧，而是要战胜对呛水的恐惧。只要过了这一关，就容易了。"

看到牧天有些心动了，我问牧天："爸爸很爱你，很想把一切都给你。现在爸爸很会游泳，但是，爸爸能把自己的游泳技术，直接转到你身上吗？"

牧天嘿嘿一笑，说："当然不能！"

我指了指游泳池中像鱼一样灵活的孩子们，问牧天："那些孩子游得太好了，我想花1000元，把他们的技术买来，直接转到你身上去，能做到吗？"

牧天又笑着摇摇头。

我再指指彦博："彦博和你都不会游泳，但他不怕水。你们两个关系好，能让他把他的勇敢转给你吗？"

牧天沉吟了片刻，"腾"地站起来，走到游泳池边，深吸一口气，咬牙说："他不能把勇气给我！但是，我能给自己勇气！反正迟早会有呛水的一天，还不如早点儿面对呢！"说完便纵身一跃，跳进了水里。牧天当即就呛了一大口水，但是他没有放弃，在我的鼓励下，一次次地扑向水中……经过了反反复复地尝试，他竟然在很短的时间内学会游泳了。

一天晚上，湖南卫视正在播放综艺节目《勇往直前》，这期节目要求各位嘉宾要用有弹力的绳子系住脚，从一个很高的台子上往下跳。其中一个嘉宾刚开始信心满满，准备克服恐惧往下跳。可是当他向下看时，立即死死地抓着护栏，一动也不敢动了。牧天为他着急起来，他和彦博在电视机前为那个嘉宾打气，并喊出："别怕，别怕，跳下去！"

十分遗憾的是，这位嘉宾最终没能战胜恐惧，放弃了挑战。这个结局让两个孩子十分惋惜。牧天说："唉，这有什么好怕的，如果我是他，我一定勇敢地跳下去。"我觉得这是进一步引导他突破自我的机会，于是说："我相信你们有勇气，但你们能把你们的勇气，转给那个嘉宾吗？"他们都摇摇头。

我接着对他们说："孩子们，你们要慢慢学会自己成长。别人是没法代替你们成长的！就像我没法代替你们学习游泳，你们没法代替那位叔叔从高台上跳下去一样，谁也没法代替谁！"

那个在游泳池边不敢下水的小孩，如今已经成长为一个健壮俊美、对生活充满勇气、能独立解决问题的小伙子了。当初在游泳池边，培养孩子的自我教育能力的那一课，是至关重要的。

要想达到好的教育效果，我觉得下面几点至关重要。

第一，不讲空洞的道理，而以摆在孩子面前的具体现实，进行引导。这样，孩子才不会反感，而且容易听得进去。

第二，孩子遇到问题需要解决的时候，是最好的引导时刻。因为摆在他面前的问题，已经让他十分难受，他心中也急于解决。这时以适当的方式进行引导，很可能一点就透，产生立竿见影的效果。

第三，让他享受开悟的乐趣，他会去追求突破的惊喜。

其实，成长的每一步，都离不开人的觉悟。当感悟了某个道理，自己的心灵得到成长时，不管是怎样的孩子，都会为此感到惊喜。所以，当我们能创造多种机缘，让孩子享受"开悟"时，他们不仅会感到高兴，以后还会主动追求这种突破带来的欣喜。

2. 利用生活感悟写作文，是让孩子进行自我教育的绝佳手段

写作文十分重要，作文在语文考试中占分很高，哪个家长不重视孩子的作文呢？作文写得好，有一个好文笔，将来在社会上也容易受到重视。对于想把孩子培养为作家的家长来说，写好作文的重要程度就更不用说了。

写作文还有一个很多家长想不到的重要作用：写作文其实是让孩子进行自我教育的绝佳手段。

在牧天小学毕业那年暑假，我带着他去游览九寨沟黄龙景区。黄龙景区最有名的景点是"五彩池"。但是，那里海拔高，不少人会有高原反应。而且有相当长的一段路，不通汽车，只能徒步攀登。

才爬了一半，牧天就累得受不住了，要休息。到达山顶的路，还远着呢，如果总是休息，那不知道要多久才能上去。于是让牧天稍作休息后，我们继续前进。每当牧天走不动又想歇息时，我都会鼓励他："加油，就快到了，就快到了。"说实话，这多少有点儿"糊弄"的成分，我也想过背孩子走一会儿，但更想锻炼一下孩子的意志力。所以只是陪着他、勉励他、督促他，一步一步向上攀登。

还差400米到达目的地的时候，这可怜的"猴子"（牧天）实在是扛不住了，一屁股坐到地上，再也不愿意起来："我不走了，打扁我也走不动了。"不管我如何哄，他就是不愿意站起来。

于是我对他说："牧天，我们大部分路都走了，就剩下这短短的几百米了。你想想，你之前付出了多少，如果不走完这最后的几百米，前面的辛苦不是白白付出了吗？"这番话多少打动了他的心，歇了一会儿后，牧天咬咬牙坚持下去，最终一步一步登上了五彩池。

当五彩池真的出现在面前时，他望着眼前的景色，一下子惊呆了，不由得大声惊叹："哇，太美了，这是神仙住的地方啊！"我们在五彩池边站立了好久，什么劳累疲倦，什么高原反应，全都被抛到了脑后。

回去的路上，牧天十分兴奋，我借机引导他："牧天，你觉得刚才爬这山值得吗？"

"值得值得，太值得了！"他不断地点头。

"那你觉得上山容易还是下山容易啊？"

"当然是下山。爸爸你真残忍，上山时快把我累死了。"

"就拿我们旅游来说吧，那你认为我们是应该选择好走的下山的路，还是选择不太好走的上山的路呢？"

这孩子立即说："爸爸，我知道了，好走的都是下坡路，但我们要探寻美好的风景，有时就要选择不好走的路，向上攀登。"

我立即鼓励他："你有这样的认识太棒了。那么，你能围绕这件事，写一篇作文吗？"他点头答应了。几天后，他写了一篇作文，标题是《好走的都是下坡路》，不仅写了这次登山的经历，还将学习的事情与这次经历进行了关联：

　　一个情愿花时间去玩的人，那么他肯定选择走轻松的下坡路。而一个愿意用更多的时间去学习的人，那么他肯定是上进、走上坡路的人。

　　玩是一件多么容易的事情啊！你不需要学习如何去玩，玩可以给你带来暂时的快乐。而学习确实不容易，因为你需要付出非常大的努力和痛苦。但是，就像我这次登山看五彩池一样，你的付出总会得到回报，会获得更大、更持久的快乐！

　　他还提到了坚持的价值：

　　放弃只需一瞬间，努力需要一辈子。就像我这次去五彩池，放弃的确是很容易做到的，只需要一秒钟，只需要自己一个想法就够了。而坚持，却需要我们时刻警醒自己：不要放弃，不要放弃！坚持就能登上高峰！

　　之后，他无论是在学习中，还是在生活中，这种迎难而上的精神常常会体现出来，并因此产生了明显效果。我没有想到，这次旅行对他有这么大的触动。我更没有料到，以写作的方式，让孩子将自己在学习与生活中的体验进行总结，竟然是让孩子进行自我教育的有效手段。

　　过了几天，我应邀去浙江、福建开展讲座，让牧天随我同行。

一天早上，我带他在新昌大佛寺参观，在那里看到一副对联：律己不妨真面目，做人还需大肚皮。这副对联的下联，其实说的就是人要胸怀宽广。

很巧的是，我们刚出寺庙门，就看到有人在脸红脖子粗地吵架，还差点儿打起来。牧天说："爸爸，如果他们能像对联说的那样，也许就吵不起来了。"

我又鼓励他根据自己的感受写一篇作文，他当天晚上就写了一篇《做人还需大肚皮》。牧天接连写的这两篇文章，让我猛然来了一个灵感：让孩子多观察生活，多读书，激发他的感悟，再让他不断写作文，应该就是让他进行自我教育的好手段吧！于是，从那时起，我就常常鼓励他写作类似的文章。

在具体的写作要求上，不要求华丽的文笔，但对他提出了以下要求：

第一，多从生活中寻找能写作的素材；

第二，要与自己的成长问题挂钩（学习、生活、情感），言之有物；

第三，将"研究式"学习与作文相结合。可以找名人的故事、格言，以及厘清"为什么"等；

第四，必须有独特而较为深刻的见解，要总结出一些新的、有用的观点。

这些要求虽然增加了牧天的学习时间，减少了游戏的时间，但是牧天也越来越喜欢写作了。到后来，他还主动向有关媒体投稿，《初中生优秀作文》等报刊常常发表他的文章。在他所著的《管好自己就能飞》一书中，收录了《聪明人更下笨功夫》《心中有阳光，幸福自会来敲门》《放弃是唯一的失败》

等7篇文章，总结为《对我影响最大的自我管理感悟》，放在第三单元中。其实，这只是他所写文章的一小部分。

牧天很喜欢写文章，而且写得不错，但他的数学更好、理性思维更强，也有一定的创新能力，所以我们并没有让他学文科，而是更倾向于让他向理科方向发展。对牧天而言，写作文并非为了考文科，也不是为了将来当作家或记者，而是他明白，写作是成长中的青少年吸收正能量、传播正能量的一种重要手段。

好好引导孩子动笔吧！只要孩子不断观察生活、体会生活，不断总结和表达，他就能体会到其中的乐趣，并能更好地成长和进步！

3. 不反对追星，但引导孩子追求光环背后的精神

成长中的青少年喜欢追星。而追星带来的危害，也被媒体报道，如早几年有女青年因为追明星而弄得父亲自杀，北京有女学生追韩星与父亲闹矛盾，等等。这一切，引发许多家长的焦虑。

经常有人问我们，你们家的孩子，学习自觉，成绩也不错，而且作为理科生，还能发表作品乃至出书，说不定是一个"书虫"吧？他也会和其他孩子一样追星吗？我认为，对青少年追星的行为，我们应该一分为二地看。看了《罗恩老师的奇迹》和李镇西老师的文章，我们就会觉得，孩子喜欢"追星"，没有什么不可以，关键是你要因势利导。

其实，牧天也是一个追星族。他追星，影星、歌星、球星都追，有的还

是"骨灰级"的粉丝。记得2013年暑假，当他知道偶像周杰伦要在武汉开演唱会，他人还没回国，就托人将演唱会门票买好了，一回来就好好过了一回瘾。

当他在湖南平江二中做演讲时，2000多名同学一致要求他献歌一首。他唱了一首周杰伦的歌，全场沸腾了。他做完演讲，大家蜂拥而上要他书上签名留念，结果他花了两个小时签名。后来，也在二中上学的表弟宇轩半开玩笑地对他说："今天让你签了那么多的书，三分之二看在你的书分儿上，三分之一看在你追周杰伦的分儿上。"

也许有些家长会问：追星会耽误孩子的学习，而且还会让孩子不踏实，总想一步登天，你们能放心吗？

其实我们也担心过，但是，当我们真正了解了"星"的成长历程，引导孩子正确追星，我们发现，这反倒会成为孩子成长的巨大动力。所以，孩子追星不妨事儿，但必须追求光环后的精神。"星"不是生来就辉煌的。大多数的"星"，都经历过非同寻常的艰苦过程，在他们身上，往往有不少好的精神。从根本上说，也正是这些精神成就了他们。如果我们要求孩子们不只是追求星的外在光环，而是去寻找和学习光环背后的精神，那么每个"星"，都能帮助你的孩子更好地成长。

著名球星乔丹是牧天所追的"星"。有一段时期，牧天特别喜欢打球，并且对球星乔丹格外着迷。看着他如数家珍地讲乔丹的战绩和生活琐事，我不由心中一动，引导他说："这样看来，你也希望成为乔丹那种了不起的人呀。你有没有想过，乔丹成功的关键是什么呢，他以什么精神激励自己呢？"

于是，牧天进一步去读有关乔丹的文章，从文章中找到了乔丹说的那句名言："主动不主动，相差一百倍。"牧天还把它作为学习自我管理的座右铭。这之后，我们不反对他追星，但是要求他寻找所追的明星身上激励他的精神，并且以文章或日记的方式，与我们分享（这其实也是我们对他的一个督促）。这样的追星方式，不仅能让他成长，更能帮助牧天自己"成星"。

有一次，他在长沙做了近10场讲座，场场轰动。许多同学争相排队与他亲近，让他签名留念。如果无法把名字写到书上，就脱下校服让他把名字签在衣服上。中央人民广播电台还以"追星出现新动向：追影星追歌星不如追成长明星"，对他进行报道。

下面提到的这些"星"，都是当今的明星，也是牧天狂追的"星"。他将追星的最大成果，写在了有关成长的感悟上。我把这些故事分享给家长们，希望你的孩子们，也能从这些"星"的身上，感受到许多能让他们自己更好成长的力量。

（1）认真——小事放光就是大事

认真是老师对学生们再三强调的，也是父母经常"敲打"孩子的，但是孩子们往往并不那么在乎。牧天以前常常粗心，有时还因为考试时早早交卷，而导致该拿的分数丢掉。为此，他妈妈不止一次将他的零花钱罚掉了。但后来，"天王"刘德华出道的故事，给了他不小的触动。

刘德华少年英俊，从香港无线艺训班毕业，他怀着满腔热情投入演艺事业，但没有想到，给他演的都是一些微不足道的小角色。他觉得失望和沮丧，演起戏来，总是不投入。

有一次，他在戏中仅有一个镜头，他觉得既然自己不被重视，就干脆敷衍了事。结果，拍了一次又一次，导演总是摇头。当时该戏的主角是一位著名影星，看到他长时间不能入戏，火冒三丈，一把抓住他的衣领，把他拽到一旁大骂："你认为你科班出身就了不起？一点儿演技也没有！我看不过就是个花瓶！"他又委屈又愤怒，当场就回敬："是啊，我没演技。你们另外再找人，反正这个小角色，我演不演无所谓。"

一听他这样说，这位影星抓着他的头发，命令他："看着我的眼睛，你看看我。刚开始，我也是个跑龙套的，我也演过小角色，多不起眼的角色都演，这有什么关系？"

他不敢对视这位影星。这时影星叹了一口气，拍拍他的肩膀说："老弟，不要看不起这些小角色，对于戏来说，对于别人来说，那是小角色，不会引起别人的关注。但是对于你自己来说，那就是主角，是对你的考验，是你证明自己的机会，要演就演好。"

这些话如同当头棒喝，一下把刘德华敲醒了。他再回到片场，仔细琢磨角色，很快就入戏，仅一次就通过了。此后，他还是只能演一个又一个的小角色，但他都会尽心尽力去演。有一次，他演一个杀手，只有20秒的戏。但是，他对着镜子一次又一次地排练。该影片的主角是影帝周润发，忍不住过来问他："好像可以演好了啊？还这么认真？"他笑着说："对观众来说，你演的是主角，我演的是个最不打眼的小角色。但对我自己来说，我演的是个主角，我要对得起自己的戏份。"

这句话和这个场景给周润发留下了深刻的印象。后来，有位导演邀请周润发出演《投奔怒海》的男主角，周润发档期排不开，就向导演推荐了刘德华。刘德华牢牢抓住了这一机会。结果，这部戏让他一炮而红。之后，他不仅出演了上百部电影和电视剧，还成为著名的歌星。

看不起小事，做作业也常常在不经意的地方丢分，这是牧天的缺点，但看完刘德华的故事后，他知道该如何去认真对待那些小事了。后来，他还引用一句明海法师的名言作为自己的座右铭："小事放光就是大事。"

刘德华的故事对牧天的触动，其实不只是做事认真这一方面。有段时间，媒体报道了一些新闻：曾经有个女孩为了见某明星，得了精神病；还有一个女孩，为了追星，败光了父母的家产。看到这样的新闻，牧天对我们说："爸爸妈妈，这些追星的女孩，根本就不懂明星，如果她们知道这位明星在开始时也很卑微，她们就会自己去奋斗了。如果她们也能像这位明星一样认真地把每一件小事做好，干哪一行不能混出个样子啊！值得活在明星的影子中吗？"

我们欣赏地拍了拍他的肩，朝他竖起了大拇指。

（2）勤奋——"多"是最牢靠的竞争力

勤奋就是愿意多努力、多付出。这也是我们常常希望孩子做到的，我们常常以"天道酬勤"等理念教育孩子，但作用并不大，反倒是他自己从敬仰的球星那里，获得更多的动力。

有一次，他在网上看到一张由两张照片拼接起来的图片，上面那张，是当时NBA洛杉矶湖人队的当家球星科比在比赛中跳投时的照片；下面那张，是科比在空无一人的练习场上在同一个位置独自练习跳投的照片。

这张图片下面配了一段文字：

在一次采访中，记者问科比："你为什么如此成功？"科比反过来问记者："你知道洛杉矶四点时是什么样子吗？"记者摇摇头说，不知道。科比说："我知道每天洛杉矶四点时是什么样子。"

这一段简短的对话，让牧天非常震撼。于是，他在看到这张图片的当天，就写出自己的感悟："付出的比别人多，享受的比别人少，自然得到的要比别人多。的确，'多'是最牢靠的竞争力。"这张图片，让牧天变得更勤奋了，他会不时提醒自己，要像自己喜欢的这位球星科比一样多想、多学、多做、多总结。

（3）意志——艰难不是放弃的借口，恰恰是坚持做好的理由

这个观点是我们与牧天一同在探讨中总结出来的，所总结的人物，就是他的偶像周杰伦。

周杰伦在单亲家庭中长大，对音乐有着非同一般的痴迷。后来他进入吴宗宪的音乐公司，职务是音乐制作助理，每天帮同事买盒饭。虽然工作很累，但他毫不抱怨。这样的工作状态感动了吴宗宪，他知道周杰伦的梦想，就给他配备了一间办公室，让他专心创作歌曲。周杰伦很快就创作出大量的歌曲。但由于他的歌曲风格过于强调独创，吴宗宪也难以理解，于是将周杰伦的手稿放到

一边。

有一天，周杰伦又写出一曲很得意的作品，兴冲冲地送给吴宗宪审读。不料，吴宗宪见他那副得意扬扬的样子，便想敲打他一下，对他的手稿甚至连看都不看，揉成一团，随手丢进边上的垃圾桶里……此情此景，让周杰伦很受伤。他一声不响地离开了老板的办公室，泪流如注……

但是，周杰伦既没有放弃音乐，也没有与老板"拜拜"，而是一如既往地继续创作。一连七天，吴宗宪每天早上上班时，总能见到周杰伦的新作。终于，他被周杰伦的努力与天赋感动了，答应找歌手演唱周杰伦创作的歌曲。但是，这些歌曲无论推荐给哪位歌星，都被他们无情地拒绝了。一次次的失败，给了周杰伦沉重的打击。就在这时，他的老板吴宗宪却越来越开始认识到他的价值，后来干脆帮他出唱片。

周杰伦的第一张专辑——《JAY》一举夺得流行音乐金曲奖的最佳流行音乐演唱专辑、最佳制作人和最佳作曲人三项大奖，后来，他成为年轻一代歌迷热烈追捧的天王……

谈到周杰伦的这些故事时，牧天显得很激动，我们看到了他对周杰伦为理想而坚持不懈的精神的佩服。于是我们一起探讨，他得出了新的认识：

世界上凡是取得超凡成就的人，无一不是经历了千难万难，只有越挫越勇、决不放弃的人，才能取得最后的胜利。所以，我们要迎难而上，而不是知难而退。因为，"艰难不是放弃的借口，恰恰是坚持做好的理由！"

3

Chapter

第三篇

改善技巧：

方法越到位，

孩子越自觉

内容提要

在教育孩子的过程中，不管家庭还是学校，都有一个误区，就是讲道理太多，讲方法太少。

其实，我们可以少一点儿"应该"，多一点儿"怎么办"。也就是说，要格外重视技巧方法。方法越到位，孩子越容易接受，越容易自觉，而且家长自己也越轻松。这样，教育孩子就会成为一件高效并且快乐的事情。

第七章

少一点儿指责，多一点儿引导

望子成龙，希望孩子成绩更好、更懂事，这是所有家长的心愿，无可厚非。但中国家长教育孩子的最大问题，就是不能好好说话。尤其是孩子出现问题、让家长不够满意的时候，他们总是忍不住用指责的语气对孩子讲话。

一个培养孩子自觉精神和自我管理能力的家长，要尽量避免指责，更要重视对孩子进行有效的引导。

1. 从强调"必须"，到引导孩子思考和选择

有个词语，我觉得是值得商榷的，这个词就是"家长"。既然是"长"，讲话就得有权威，有时甚至还要"说一不二"。所以在教育孩子的时候，一些"家长"总是以命令的语气，要孩子"必须"做什么。

下面的情景，你是不是也很熟悉呢？

"就该这样！哪有那么多为什么？"

"我是你妈，就得听我的！"

"啰唆个什么？听话！"

"还要我说第二遍吗？是不是想挨揍？"

……

以"必须"的语气对孩子讲话，看似是一种"立竿见影"的方法。因为，你掌握着话语权，可以说一不二，孩子只能乖乖听你的，这种方法似乎能省下许多麻烦。但是，这些"必须"往往是强迫着甚至压制着孩子的，不仅会影响他在积极性与创造性方面的发挥，还会让孩子产生逆反情绪，与你矛盾丛生。

那有更好的方法吗？当然有，那就是少一点儿"必须"，让孩子善于选择。

（1）让孩子善于选择，更能激发他的自主力和思考力

多年以前，我还是中国青年报社记者。有一次，我和同事们一起到澳门采

访。我发现当地学生从初中一年级开始，就要学习一门"公民教育课"。这门课的教育理念是"培养未来社会合格的公民"。这让我既震惊又兴奋，这不正是我们内地教育界开始提倡的"教育要面向未来，面向社会"吗？而更让我开眼界的是，公民教育的教材及教育方式。比如，其中有这样一门课——"命运抉择在我"，其课程设计如下。

当你去你的好朋友家里玩，他突然要你和他一起吸毒，你怎么办？

A.拒绝吸大麻，然后从此不和这个同学来往。

　　这样做的结果是什么？

B.跟着同学一起吸大麻。

　　这样做的结果是什么？

一般来说，有这样两个对比的选项就不错了，但更有意思的是，还有第三个选项：

C.还有没有更好的选择？

　　这样做的结果是什么？

这样的教育方式让人耳目一新。在我们的印象中，如果是带教育性质的课程，一般要先讲清这是一个什么概念，以及再三强调这样做的重要性。但是，这门课，却设计了这样一个很可能发生在学生身边的情境，让学生直接思考，怎样的方式会产生怎样的结果，能否想出更好的解决方法？

这种让孩子学会思考、学会选择的教育方式，让我十分振奋。于是回到内地，在教育牧天的过程中，我也常常用这样的方法引导他。这种引导主要体现在两方面：一方面，让他时刻牢记，选择决定命运，有时选择比努力更重要；另一方面，培养他进行多方面的思考，为最好的结果思考并选择更多、更好的方法。

在第一章中，我提到过吴牧天第一次来北京，借用乘警长的电话与我们取得联系的做法，就是这种思维方式的运用。他战胜绑匪时的思考，更是采用了同样的思维方式，即通过思考不同的方案，来做最好的选择。

实际上，这样的思考方法，已经被牧天运用到学习、生活的方方面面。在后面的"自我管理的一二三四法则"中，我还会与大家分享更多他在这方面的故事。这是一种完全不同于家长灌输和强制的方式，这种教育方式更能让孩子变得善于思考，同时也更能让孩子对自己的言语和行为负责。

（2）让孩子善于选择，比大吼大叫更管用

孩子不服管，是让许多家长头疼的问题之一。对此，不少家长采取的应对方式往往就是大吼大叫，甚至拳脚相加。其实，让孩子进行选择，往往会比上述方式更管用。牧天在美国生活时，就曾亲眼目睹了这种做法及其效果。

有一次，妈妈Fran做好了香喷喷的饭菜叫孩子来吃，结果其中一个小孩不想吃，想让妈妈做更好的。妈妈的回答很简单："不想吃没关系，冰箱里有面包，你可以去拿。再不想吃，也可以，自己饿肚子吧！"

这位妈妈没有讲"妈妈很辛苦，你们应该体谅妈妈"，也没有说"我很忙，没有时间再给你做菜"，只是给孩子提供了三种选择方式：第一，吃妈妈做好的菜；第二，吃冰箱里的面包；第三，饿肚子。耐人寻味的是，这个提出过分要求的孩子，老老实实过来吃饭了。这样的教育方式，是不是很值得那些痛感孩子不听话的父母学习呢？

（3）孩子拥有"选择思维"会对他人产生更好的影响

处理人与人之间的关系是一门艺术，不少人在处理这方面的问题时总是费力不讨好，其实根本原因是不懂得一些基本的原理。

在与人交流的过程中，很多人都急于表达自己的意见，想去影响他人，这种做法很可能引起别人的反感和抵触。有的人即使活到老都不明白，为什么费了很大的劲，却还是常常碰壁。其实，这些人如果在平常与人交往中少一点儿"应该"和"必须"，多一种方案让对方选择，事情往往就会顺畅得多。

基辛格原来是一个教授，后来成为美国国务卿、美国总统尼克松的得力助手。据悉，他能取得事业上的成功，除了见识能力超群外，还有一个重要因素——他善于处理与上级尼克松的关系。

他常常提出几种方案由上级选择，而不是代上级做主，更不是让上级一定按自己的想法来。这样的做法，既起到了助手的作用，又不越权，让上级得到了尊重，同时也给上级留足了思考与决断的空间，上级哪能不器重他呢？

要影响他人尤其是影响上级，一般人只知道让上级做"必答题"——"我提出了一个意见，请你一定这样做。"智慧的人往往会让他人尤其是上级做"选择题"——"我提供了几种方案，请你从中选择。"

成年人需要掌握选择之道，孩子也要学会选择之道。让我们和孩子一起学习这种"让自己选择也让别人充分选择"的智慧吧！

2. 激发自信，从"我不行"到"我很棒"

每个人的成长，都与自信心的建立密切相关。很多家长教育孩子的过程中，最容易犯的错误，就是给孩子提不切实际的要求，或盲目地拿自己的孩子与很优秀的孩子比，甚至对孩子横加指责。这些做法，表面看起来是为了激励孩子，但实际上却在打击孩子的自信心。通过打击孩子的自信心让他成长，其实是违背教育规律的，往往达不到真正让孩子更好成长的目的。

在教育牧天的过程中，我们很少采取这种指责型的教育，而是以鼓励为主。当孩子遭受挫折或失败的时候，我们会避免让孩子陷入"我不行"的自我否定中，而是引导其进入"我很棒"的自我超越与认可状态。

（1）没有失败，只是暂时没有想到办法

孩子在成长和学习的过程中，不可能一帆风顺。

当孩子成绩不理想或遭受其他挫败时，不少家长往往恨铁不成钢，不断对孩子指责：

你怎么又考这么差？

细心一点儿就好了，怎么你又犯错了！

叫你少花点儿时间打游戏，你就是不听！

我天天这么辛苦供你读书，看你考成什么样子了，你还有脸吗？

这些指责只是在发泄家长的怨气和怒气，并不会有真正的效果。实际上，这时的孩子，心中早就郁闷至极。对你的批判和指责，哪怕表面上已经服从，实际上他会格外抵触。更糟糕的是，他此刻可能已经没什么信心了，再被责骂，可能从此就自暴自弃了。

遇到这样的事情，你先不要焦虑，更不要轻易指责。要平心静气地与孩子一起交流，帮助他认识到长处，补足短板，重新出发。

在学习上，牧天也遭遇过一次大的挫折。高二的时候，牧天得到一个机会，可以作为交流生去美国学习。但是，他的英语并不好。怎么办呢？我们决定，让他中断在长沙的课程，直接去北京报了一个英语培训班。

大约半年的时间，牧天都在埋头学习英语。那年春天，他在北京参加了托福考试。下午五点左右，他出了考场，垂头丧气地告诉我，考得不太好。

不久，就到了出成绩的时间，本来早上就可以查分数了，但他直到吃过晚饭都没有去查。到了晚上快十点的时候，他终于站起来，说："唉，管它是多少分呢，总得看。"他打开电脑，看到分数后，脸上出现一种难以置信的神情。我走过去问："多少分？"他以很低的声音对我说出分数。那是个绝对不理想的成绩，如果要在国外上学，可能不会有任何学校会录取他。顿时，我像在酷寒严冬中突然遭遇一盆冰水淋头而下，心中充满了失望。

冒着落下课程的风险来专门学习，还花了这么多钱，怎么会考这么一个成绩呢？我对他充满了失望，甚至怀疑他在英语培训班没有认真学习。毕竟在这之前，他也有过"前科"：曾经因为偷偷打游戏，成绩从明列前茅掉到班上倒数第三名。但很快我就控制了自己的情绪。这几个月来，他对学习的投入，我是看得见的。有时，晚上十二点了他还在背单词，那绝不是作秀。我想，这样的结局，也绝对不是他想要的。我不能责怪他，更不能凭猜测就说他又偷偷打游戏了。我应该帮助他从这次失败中走出来。于是对他说："不要紧，第一次考托福嘛。没有经验，考得不理想也很正常。"

听到我这么说，牧天看我的眼神里，流露出一种被理解的感激之情，他对我说："谢谢爸爸。您花了这么多钱让我来参加英语培训，我却没有考好，真对不起。"

这一次考试，对他的打击实在太大了。他的情绪一落千丈，几乎带着哭泣的声音说："付出那么多努力都白费了。这么努力都没有结果，也许我真的学不好外语。"我听到后，而是和他一起来分析这次考试失利的原因。

牧天坦言，这次考试除了听力有可能因为数据传输问题出现一点儿错误外，基本还是自己的原因，说到底还是自己水平不够，平时词汇量不够，加上临场紧张没能正常发挥，最终导致了这样的结果。

我理解地点点头，问道："这次考试有没有表现好的部分呢？"

这时，他眼睛开始放光了："写作考了25分！"这是很高的分数了。不管是综合写作还是独立写作都拿到了"GOOD"的评价。

我笑问为什么有这样好的成绩。他兴奋起来了，说："这一部分要归功于我打字速度很快，所以在考场上写的字数比别人多；然后还要归功于平时爸爸对我写作思路的训练，爸爸告诉我的写作层次和逻辑方法在托福写作上刚好能用到，我平时写作文就很多，这也使我的构思速度和写作速度大大加快。"

于是我进一步引导他说："经过这次分析，你还觉得自己以前的工夫白费了吗？"牧天想了想说："看来还是在哪里下的工夫最大，哪里的成绩就最好。"我趁机给他讲了一个故事。

一位年轻画家去拜访世界名画家门采尔，一见面就诉苦说："我用一天画了一幅画，卖掉它却花了我整整一年的时间。"

门采尔认真地说："朋友，你不妨倒过来试试。用一年时间去画一幅画，那么一天的时间，你准能卖掉它。"

我一说完，牧天就说："爸爸我懂了。不是我白费了力气，是我做得还不够！我要赶紧调整好心态，选准薄弱环节，像学习写作那样，按最高的标准去做！"果然，在两个月后新一轮的托福考试中，他取得了好成绩。

根据我们的经验，要想让孩子迅速从"不如意"的心理状态中走出来，父母需要做到以下三点。

首先，理解他。孩子本来就已经有挫败感了，如果这时候再一味地责怪他，只会让他的情绪变得更加糟糕。

其次，帮助他。帮助孩子理性认识，让他不要因此丧失信心，同时和孩子一起，找出具体的原因，让他知道努力或改正的方向。

再次，激励他。可以用成功者的故事来激励他往何处努力，还要让孩子知道，父母并不会因为他这一次没有做好，就对他失望，而是相信他将来会做得更好。

其实，不只是学习，在其他方面的挫折和不如意，也可以采取这样的方法。这种方法实际上是让孩子学会调整"心灵的频道"，让他从不自信转为自信，从不开心转为开心，从准备放弃到越挫越勇。

（2）当孩子受到别人否定，要帮助他坚定信念

孩子在成长过程中没有受到肯定甚至被否定的时候，十分容易泄气。这时候家长绝对不能置身事外，更不能像别人一样否定孩子，而是要让孩子认识到，越是这种时候，越要坚定信念，并让孩子在自己认准的路上勇敢地走下去。

牧天从美国回来后，我让他把之前写的所有日记放到一个文档里整理好，发给我看一下。我越看越觉得，他的日记里有许多鲜活、有价值的内容，这些内容对青少年学生的成长很有帮助。于是，我忍不住对牧天说："这是一本好书的素材呀！"

牧天有点儿惊喜，又有点儿不相信地问："爸爸，我能写书吗？"

我十分肯定地说："能，当然能！你的这些成长探索，对你的同龄人是有帮助的。出版后应该是一本非常好的书！"

在我的鼓励下，他整理出了这本书的提纲，也很快写出了一些样章。之后，我带他去接触一家有名的出版单位。我让牧天将提纲和一些样章给他们看了，却没有得到期望中的肯定。该单位的一位总监，很客气地听牧天谈了那本书的构思，以及不少观点与故事。他对此表示肯定，但同时也很直接地指出，由牧天单独出一本书，有一些难度：一是他根本就没有什么知名度，是一个刚刚中学毕业考上美国大学的学生，没有影响力；二是现在的学生很少自己买书看，所以这本书不知道卖给谁好。

牧天本来是充满希望去的，但那一瞬间，我看得出来，他眼中的光似乎一下熄灭了。回到北京的家中，他垂头丧气。坐下来后，他很坦诚地谈到此刻的想法：既然这样没有希望，还值得去写吗，如果劳而无功，还不如利用这个暑假好好去玩一玩。我完全理解他此刻的心情。但是我相信自己的判断，觉得这位总监是缺少眼光的。该怎么安慰和激励他呢？

我突然想到了一个办法，让他看著名励志电影《当幸福来敲门》。

克里斯·加纳很努力，但还是无法给家人提供一个良好的生活环境，妻子最终选择离开家。从此他带着儿子克里斯·托夫相依为命。他受尽白眼，与儿子躲在地铁站的公共厕所里，住在教堂的收容所里……虽然吃尽了苦头，但他始终没有放弃努力。最终，他得到了梦想中的成功，幸福如愿来临。

这部电影中的好几处情景都让他差点儿掉下眼泪。但最打动他的，是这样一个情景：

这一天，克里斯和儿子来到篮球场上，儿子当时心情很好，对爸爸说：

"我以后想当一名职业篮球运动员。"

照一般人的想法，当儿子的有这样的理想，当爸爸的应该立即鼓励他才对，而且按前面情节的展示，克里斯格外重视保护孩子的心灵。但没有料到，他竟然马上就否定了儿子，说他做不到，那样的理想不过是痴人说梦。儿子一下子愣了，但克里斯接下来的话，使儿子明白了爸爸为什么要这么说——

"如果你有梦想，就要守护它。当人们做不到一些事情的时候，他们就会对你说，你也同样不能。"

原来克里斯是想借这个机会给儿子上课呀！

看完电影，我让牧天与我交流观后感。他说："我明白了，在我们追求幸福和成功的路上，很有可能遇到他人的否定。这时候我最需要的，就是对别人的否定说'不'，我一定将理想坚持到底！"

我高兴地点头。接着，我又把我当年创业的故事分享给牧天，让他了解到我当初也经历了不少艰难，也被许多人说不可能成功，但还是成功了。最后，我郑重地送了一句话给他："一个人只要方向对了，然后不懈地努力，该有的一切都会在路上等你！"

这句话进一步给了他动力。他立即向我表态，不管怎样，先把书写出来再说，而且一定要写好！

那个暑假，他很认真地把书稿写好。之后就去美国上学了。不久，我与接力出版社总编辑白冰取得了联系。他一看书的标题、提纲和样章，就高度认可，立即决定出版，而且以首印6万册的高规格出版了此书。很快，这本书产生了强烈的反响，激发了一场"自我负责自我管理"的风暴。

更让人印象深刻的是，有许多次，在听完他的讲座后，上千名学生集体起立，举起右手，发表宣言：

"我立志，从现在开始，学习自我管理：管理好态度，自觉主动学习；管理好安全，时刻远离危险；管理好心情，告别消极情绪；管理好欲望，拒绝不良诱惑；管理好语言，学会三思而后言；管理好行为，做行动的'巨人'；管理好人际关系，读懂人性，赢得人心！我们要做到：让父母放心，让老师省心，做最棒的自己！"

这样的情景，让他感动得热泪盈眶。回想自己尝试写书，又被别人泼冷水差点儿放弃，后来被我鼓励后又将书写好的过程，再看看最终产生的效果，牧天心中五味杂陈。

后来他把这段过程写到《自觉可以练出来》一书中，感谢我激励他别害怕他人的否定，勇敢竖起理想的风帆，并写下了这样一段感悟：

我要告诉自己，也要告诉许多有追求的同龄人：努力去追求，并做好被人否定的准备，但要对这种否定勇于说'不'，继续前行，这是走向成功的必经之路！

3. 为孩子找几个"靠得近，学得上"的身边标杆

在教育孩子的过程中，不少家长总是选择古今中外一些名人故事，来激

励孩子。这固然重要，但在不少时候，尤其是孩子小的时候，更能给他直接影响的，往往是他身边的伙伴与同学。别小看身边的榜样，他们往往更能直接给孩子向上的力量。这种身边的标杆，往往比远处的"巨人"更能影响孩子。

作为家长，我们要帮助孩子找到这种可以效仿的榜样，并引导他好好学习。那么，该怎么办呢？

（1）让孩子在一起不只是玩耍，还要学

孩子总有一些玩得来的朋友，一些朋友的身上有一些非常好的品质与习惯值得孩子学习。这时候，家长要善于发现，之后要用一种合适的方式引导自己的孩子，让他与朋友在一起时，不只满足于玩，还要向其他朋友学习。

做事拖沓是许多孩子的共同毛病，牧天小的时候也如此，甚至吃饭都要催促很多遍，我们为此不知生过多少气。拖延的原因就包括存在懈怠、厌烦、畏难等情绪。那么，该怎么办呢？

我们发现，在牧天的小伙伴中，有一位名叫吴彦孜的小姐姐，她不仅热情主动，而且做事干练。我们就让牧天更多地与她在一起，并细心观察她是如何做的，自己又该如何学习。

那时牧天刚上小学不久，学校一个高年级的同学得了病，家里缺钱医治。吴彦孜姐姐是班干部，一听到这个消息，就发动同学们一起帮助他，计划筹款1500元。1500元，对孩子们来说可是一笔巨款。从哪里入手呢？牧天认为可以从零花钱中省点儿，捐给那位同学，但这种方式能不能筹到1500元，还很难说。出人意料的是，彦孜姐姐说这笔善款主要不是靠大家捐赠，而是要通过社会活动来筹集。听到姐姐这样说，牧天连连摇头，认为这是绝对不可能的事情。

第二天晚上，彦孜姐姐来我家玩。牧天赶紧问："1500元开始筹集了吗？很难吧？"不料，彦孜姐姐微微一笑，说："1500元算什么？我告诉你，仅仅一天的时间，我们已经筹到了2000多元！那位生病的同学，一定能得到很好的医治！"什么？牧天觉得自己可能听错了，急忙问姐姐是怎么做到的。

原来，姐姐组织同学们开展了一个很有创意的活动：她让大家折了许多漂亮的纸鹤，然后带着大家上街，分头去向行人告知那位同学病重的情况，希望得到大家的热心帮助。对每一个奉献出爱心的人，同学们都会送一只纸鹤，并祝愿他们全家吉祥平安。

彦孜姐姐带领同学创造的"奇迹"，让年幼的牧天佩服得五体投地。他不仅佩服姐姐的智慧，也佩服姐姐的果断，不由得向姐姐请教。姐姐的一句话，给了牧天极大的触动。彦孜说："我们往往不是因为事情不好做而拖延，而是因为拖延而使事情变得不好做。"

这句话对牧天产生了很大的影响。后来，他做事也开始果断、干练起来了。他也曾把这个故事，作为"管理好行为"的内容，写到《管好自己就能飞》一书中，并提出：

青少年应该是更有朝气也更有力量的。我们要想有大的发展，就要与优柔寡断自觉做斗争，培养这种"说干就干的行动力"。

（2）让孩子觉得"学得来"，而不是"学不来"

不少家长已经认识到让孩子向身边的榜样学习的重要性，也试着去这样做了。但是这些家长在通过身边的榜样教育孩子的时候，往往会失败。原来，他们总是拿别人的长处，来对比自己孩子的不足。然后以刺激的话，来打击孩子自信。

你看隔壁小强，你怎么就比他差那么多？

拿了89分就觉得了不起了，张丽还拿100分呢。

……

这样的做法，不仅不能让孩子向所谓的"榜样"学习，而且还会激发孩子对"榜样"的抵触，甚至让孩子自暴自弃。那么，正确的做法应该是怎样呢？

一方面，激发孩子向"榜样"学习的强烈愿望，另一方面，就是让他觉得"我也学得来"。

在牧天成长的过程中，他还有一个很好的榜样——自主的湄湄姐姐。

湄湄的妈妈是我毕业后在省报工作的同事，湄湄受她妈妈的影响，格外有闯劲和自立精神。她高二时就作为优秀交流生去美国学习了，比牧天去得更早，后来以优异的成绩考上了美国的重点大学加州大学伯克利分校。

当时湄湄只有16岁，所有出国的相关事宜，她都没有让妈妈帮忙，全部自己搞定，并且为了给家里多省一点儿钱，在出国前，她还主动通过各种途径，搜索去美国价钱最划算的机票，结果发现：通过香港的航空公司，可以买到非常便宜的机票。

她十分高兴，马上与航空公司联系。但工作人员告诉她，她属于个人订票，无法享受这样的优惠，只有团体票才能享受低折扣。湄湄没有放弃，她想出了一个好办法，就是通过电话、短信、网络等多种方式，联系到了一批愿意一同订票去美国的人。就这样，在她的发动下，一个"团"就成立了，她自己也如愿以偿地买到了价钱很低的团体票。

更让人难忘的是另一个故事。湄湄去了美国的中学交流学习后，得知在美国，中学生是可以学开飞机的。她立即报了名，在学习之余学习飞行。但是，在她交流学习的时间即将到期时，交流机构却通知她，高二的交流活动一结束，她就必须回国。这个消息让她沮丧不已，因为她的飞行学习，至少还需要半个月的时间才能结束，结束后才可以进行期待已久的独自驾驶。

湄湄与交流机构沟通，说自己的签证还有一段时间才到期，正好可以学习到飞行结业。但交流机构告诉她如果不按时回国，她就会被美国有关部门列入黑名单，以后都不能再来美国了！

湄湄通过向有关方面征询，得知只要签证没有到期，就可以留在美国。而交流机构不过是怕她借故留在美国，吓唬她而已。于是湄湄一方面继续学习飞行，另一方面有理有节地与交流机构进行沟通，打消他们心中的顾虑。最后她在美国顺利完成了飞行学习，独自飞上了蓝天。

湄湄把在美国的一些经历写成了文章，后来又结集出版了。出版之前，湄湄把文章发给我看，我又让牧天好好看看。

牧天花了一上午的时间，看完了这些文章。他说："美国的学习与生活的确丰富多彩，有很多值得我们学习的地方。同时，湄湄姐姐也太了不起了。"

我接着问："那你想不想去美国学习呢？想不想也像湄湄姐姐这么出色呢？"

他笑着点头："那当然。"接着又摇摇头："我怕我做不到。"

在十三岁的牧天的眼里，湄湄姐姐的形象太高大了，甚至高不可攀。这时，我觉得在让湄湄激发牧天的同时，也要让牧天觉得这个榜样"高却可攀"了。我告诉牧天，她曾经也在成长道路上跌跌撞撞，包括别的孩子学习还需要别人督促、功课做不好时，她就立下了要早点儿出国留学的志向，为此还主动多学英语，等等。这些情况一介绍，牧天就懂得了，原来姐姐也是从什么都不会的阶段过来的。在谈到某些湄湄姐姐出的笑话时，牧天"咯咯"笑起来了，说："这样的话，我也可以跟她学，某些方面，我可能会比湄湄姐姐还要厉害一点儿呢！"

牧天总结说：

湄湄姐姐最值得我学习的有这么几点：第一，勇于追求自己的梦想，早早就有了早早去国外留学的想法，以及其大胆追梦，付诸实践的勇气；第二，尽量帮家里节省负担，能省钱就省钱；第三，遇到问题不要躲避，不要知难而退，而要迎难而上，要相信自己，想办法解决问题。

这样的引导，对牧天的促进是很大的。后来他通过努力，抓住机会，在高三的时候作为交流生去了美国学习。牧天把"帮家里省钱"的理念也应用到实践中来了。高三毕业，从美国回中国，他买了绕道加拿大的票，这种方式比直航要省几千元。至于遇到了问题想办法解决的事例就更多了，书中就有不少这样的故事。

湄湄后来又有了更好的发展。大学一毕业，她就进了美国最好的银行之一——花旗银行，之后又进入世界银行。现在，她在全世界最有名的商学院——哈佛商学院读MBA。

这位姐姐前进的每一步都给牧天树立了很好的榜样。与此同时，牧天也不断学习，让自己不断提高。这样一些让孩子感觉"靠得近，学得来"的身边榜样，是值得家长为孩子寻找，并引导孩子好好学习的。

4. 孩子学习最多的，往往是你的背影

有这样一句名言："下级学习的是上级的背影。"

其实，这一"背影原理"在教育孩子的过程中也存在——孩子学习的，往往是家长的背影。

孩子最早的榜样和最容易接受的榜样，不是别人，恰恰是家长。成天玩手机、打游戏的父母，身边的孩子也往往喜欢玩手机、打游戏。同理，很难想象整天骂骂咧咧的父母，能培养出文质彬彬的孩子。

实际上，优秀的父母都格外注意给孩子留下正面的印象，并以此影响孩子。有一次，我参加接力出版社重点新书推介会，认识了著名儿童文学作家葛冰和葛竞父女。在谈到父亲如何影响自己时，葛竞说："勤奋，他太勤奋了！"她还透露，自己有些懒散，为了改变这一点，她特意将自己的书桌放到爸爸的书桌后面，通过爸爸的背影来决定自己的作息时间。爸爸不歇，自己也不愿意歇。

是呀！父母千万别小看自己的一言一行，孩子学习的是你的背影。在教育牧天的过程中，我也格外注意给他形成良好影响，这体现在许多方面，略举几例。

（1）粘住的是屁股，守住的是理想

对成长中的孩子而言，学习是需要专注力的，但现在的许多孩子，往往缺乏专注力，其中的一个体现，就是很容易分心，学习时总是坐不住，就算坐下了，也会"心猿意马"。为此，我不仅以牧天能理解的方式，讲述"不成心专一事，决不能达成一志""制心一处无事不办"的道理，而且格外强调"你想要取得好成绩，除了要有一个愿意思考的大脑，还得有一个'木头屁股'，就是要坐得住"。

只讲道理是不够的，我的行为更能给他造成积极的影响。

我曾是一位记者，后来是一位作家，写文章时总是很投入。有一天，我本来准备在家写书，但是那天要写的内容很重要，我不想分心，于是我提着笔记本电脑到了一家咖啡馆，在那里工作起来。

我很快就进入了状态，开始专注地写起稿子来。到了中午，服务员问我要不要点些吃的，我一看时间，已经到了吃饭的时间，于是点了一个套餐。套餐很快就上来了，于是我开始吃，刚吃了两口，灵感突然来了，我马上放下筷子继续写稿子。过了许久，服务员走过来，对我说："先生，您的饭菜已经凉了，要不要帮您热一下？"我一看，果然已经凉了，就让服务员帮热了一下。然后我又投入了工作，没有任何事情可以干扰我。结果这顿午餐凉了三次，服务员帮我热了三次。这一天，我的效率格外高，一天就写了两万多字。

几天后我带牧天又去了这家咖啡馆。他做作业，我写书。当服务员知道他是我的儿子之后，向牧天讲起了这个故事，之后，牧天也逐步培养起这种"粘屁股的功夫"了。

后来，他在《做成长的主人》一书中，写了上述经历，并由衷地说："我深深地感到，学习的确是需要这种'粘屁股'的功夫的。'粘'住的是屁股，守住的正是我们的理想。"

（2）做事要多一点儿光芒，做人要少一点儿锋芒

现在的孩子，都格外强调彰显个性。这并没有什么错，但不少孩子往往容易犯一个错误：在人群中总是要突出自己，时时要表现得高人一等。

人际关系的规则却是谁都不愿意和一个高高在上、看不起自己的人打交道、成为朋友。所以久而久之，这样的人，就会成为人际交往中最不受欢迎的人。

对此，我主张："做事要多一点儿光芒，做人要少一点儿锋芒。"做事多

一点儿光芒，是说明你有能力，会出好的成果。做人少一点儿锋芒，就是在与人打交道时，要懂得谦虚，要尊重他人。也就是说，要做一个有能力且谦逊的人。这样到哪里都会受欢迎。

那么，我又该如何在孩子心目中树立这样的形象呢？

且看他写的一篇日记。

关键词　你稍稍弯弯腰，世界就变大

爸爸应邀去北京某社区参加一个重要活动，我也跟着去了。

参加活动的主要是社区里的老爷爷、老奶奶。嘉宾除了爸爸，还有一些官员。某位官员一开口就说："这点十分重要……你们要怎么怎么样……"

轮到爸爸讲话了，我发现爸爸很注意说话的方式："在这里，你们每个人的年龄都比我大，并且我相信，在你们每个人的身上，都有着很了不起的故事，所以我很尊敬你们，也很高兴有这样的机会和你们在一起，向你们学习。"

我仔细观察了一下，发现那些老爷爷、老奶奶的掌声十分热烈。在讲课的时候，爸爸并没有高高在上，而是以分享的姿态和他们交流，阐述自己的观点和方法，并且一直和他们进行互动，让他们将自己的故事和经验讲出来，然后大家一起讨论。这样一来，讲课的过程中气氛一直不错，大家参与的积极性也很高，讲完课之后，有好几位老人都特意走到讲台前，由衷地赞叹爸爸讲得很好。

这让我想起了今年湖南的高考语文作文题："某歌手第一句话由'大家好，我来了'变为'谢谢大家，你们来了'，以此为意自拟题目写一篇作文。"我觉得，这篇作文的立意，完全可以围绕放低自己、不以自我为中心、多看重他人而展开。这真是"你稍稍弯弯腰，世界就变大"——

很多时候，我们越以自我为中心，别人就越会对我们敬而远之，世界就会越来越小。相反，如果能稍稍弯弯腰，以平等甚至更低的姿态去跟别人打交道，反而会处处受人喜欢，世界也就变大了。

之后，我的确看到他在提高能力的同时也变得越来越尊重他人。这样的"示范作用"，让我也很开心。

正如苏联教育家马卡连柯指出的："不要以为只有你们同儿童谈话、教训他、命令他的时候，才是进行教育。你们是在生活的每时每刻，甚至你们不在场的时候，也在教育着儿童。你们怎样穿戴，怎么同别人谈话，怎样谈论别人，怎样欢乐或发愁，怎样对待朋友和敌人，怎样笑，怎样读报……这一切对儿童都有着重要意义。"

我们要重视点点滴滴的言行对孩子产生的影响，尽量少给好的背景，多给好的背影！

第八章

让孩子不抵触、爱交流的妙招

在教育孩子的所有苦恼中，"孩子不听话"可能是父母最普遍的苦恼——你强调的东西他不在乎，你反对的东西他偏偏要做，你要他往东，他偏偏要往西!

不要责怪孩子"不懂事""不听话"。

时代变了，孩子们越来越有自我意识和民主意识了，他们需要你平等地去尊重，需要你以更科学的方式去沟通，出现问题后，还希望你不是以压制的方式，而是以因势利导的方式去解决。

如果你适应了这些变化并掌握了有关方法，孩子不仅不会抵触你的教育，反而会乐于与你交流，让你体会温暖与欣喜。

1. 听得进，记得住，用得上

北京电视台播放了一期牧天如何成长的节目，著名的家教专家、"知心姐姐"卢勤和我一起作为特邀嘉宾出席。在交流时，"知心姐姐"讲到一个很重要的观点："牧天的父母教育孩子的确有方法。他们的成功经验说明，要让孩子学会自我管理，不必过多灌输，让他记得住、用得上才是关键。"

她的话进一步启发了我们。我们教育牧天的过程中，既有成功也有失败，甚至有些措施会使他反感。如何避免失败和反感，也是需要重视的问题。于是，我们反思再三，觉得除"记得住、用得上"之外，还要加上三个字"听得进"。这就是教育孩子的"九字方针"。

（1）听得进

中国的家长跟孩子说得最多的一句话就是"乖，你要听话"，责备孩子时说得最多的恐怕也是"你这个孩子，怎么这么不听话"。似乎听话的孩子就是好孩子，而且作为孩子，在家长面前，就必须无条件地听话。

这样的家庭教育观念有些落后，不仅会阻碍甚至扼杀孩子的成长，而且还有一个很现实的问题——你让他听话，他就会听吗？在现实生活中，我们看到更多的现象是：家长越强迫孩子，孩子越抵触。那么，我们该如何让孩子"听得进"呢？

要让孩子接受你，"听得进"，你得先学会接受孩子。接受孩子的一个重要标志，就是别摆家长的架子去压制孩子，要与孩子平等交流。

有一次，我应邀去山东一所中学开展讲座。在给学生们讲完课后，校长征询我的意见，能否为他们老师再讲一堂课。原来，他们的一些教师遇到了一个较为常见的问题：他们在学校教孩子，学生一般都听他们的话，但耐人寻味的是，同样的方法在家里却行不通，甚至有些教师的孩子有意与当教师的他们对着来。校长要我帮助既是老师也是家长的他们，如何让自己的孩子能够认真接受他们的教育。

其实这种现象并不是个别存在的，而是不同程度地存在于一些老师身上。通过细细调研和交流，我发现了问题的症结。这些当老师的人，往往习惯了掌握话语权。这种方式在学校没有太多问题，因为他们是老师，孩子出于对老师的尊重，一般不会提出反对意见。但是在家就不一样了，如果老师在家也一定要行使这份话语权，一旦他的孩子感觉不平等，就会与他对着来。

有一次，我应邀去湖南永州的一家书店进行讲座。一位当老师的妈妈和自己的女儿一起参加活动。在交流过程中，她们讲到，她们相互之间的关系，总有一些紧张。

为什么会这样呢？这个孩子只有12岁，非常喜欢看CCTV-12的法制新闻，有时不听妈妈的话，还与妈妈辩驳。参加活动的其他孩子问："如果妈妈说不过你，你们怎么统一意见呢？"那女孩看了一下妈妈，回答："妈妈说不过了，有时就会给我一耳光，这样统一意见。"女孩的话引起大家哈哈大笑。我也跟着笑，但笑完之后，心里觉得有点儿苦涩。为什么家长拥有这种高高在上的话语权呢？为什么不能让孩子发表意见（包括不同的意见）呢？

在这方面，我十分佩服我的父母。从我小时候开始，我的父母总是鼓励我们讲话。每年过年专门开家庭会议，让每个人发言，哪怕只有三岁的弟弟也可以发言，谈对任何事情的看法。至于能不能讲不同的意见，我爸爸总讲这么一句话："君被臣谏，国家才兴旺；父被子谏，家庭才兴旺。如果你们有什么不同意见，你们做孩子的，都可以说出来。爸爸妈妈有什么做得不对的，你们也可以指出来。"我们在父母营造的民主的氛围中长大，所以对待自己的孩子时，自然也会以平等的方式与他交流。那么，具体如何做呢？

第一，告别"老板脸"，放低姿态，让孩子觉得你可亲近。

例如，牧天小的时候，一下大雨，我就带他到屋子外面玩，我们一起在小水坑中跳来跳去，哪怕泥水把全身弄脏也无所谓。有时候，甚至还特意让泥水把衣服弄脏。

再如，有一次我要剥鸡蛋给他吃。该怎么剥蛋壳呢？我突然童心大发，将鸡蛋往额头上一敲。随着蛋壳破碎，那一瞬间，牧天看我的眼神一下子变了，似乎不相信看起来严肃爸爸，还有这样顽皮的举动，接着就用小手指着我，哈哈大笑，连眼泪都笑出来了。有道是"距离感少一寸，沟通力增一尺"。要让孩子更愿意与你接近，家长一定要告别那张"老板脸"。知道什么是"老板脸"吗？就是老板着一张脸！

第二，多对孩子的事情感兴趣。

可能在大人眼中，小孩子的事都是小事；可在孩子心中，那些所谓"小事"可能都是大事。我们经常与牧天聊天。在他说话时，表现出强烈的兴趣。

第三，不要总是自己发表意见。

即使自己有想法，也可多问一下孩子如何想。例如，主动问孩子："这只是我的意见，你的看法是什么呢？"好的父母不搞一言堂，会给孩子讲话的权利，让他们发表自己的意见。哪怕孩子的意见听起来很糟，很可笑，也会认真听完。

第四，允许孩子说"不"。

决不要因为孩子有不同的意见而说孩子"不听话"，而是应该鼓励孩子，让他放心、大胆地说出不同意见，哪怕表达对家长的不满。

以下是牧天八岁时发生的一件小事。有一次，他妈妈工作累了，想放松一下，就直接从牧天手中抢过电视遥控器，转到了新闻频道。牧天立即生气地跑到隔壁房间，在电脑上写下一段话，全文如下。

妈妈不让我看我喜欢看的电视节目

今天，我在看电视的时候，发生了一件令我非常不愉快的事。妈妈不让我看我喜欢的电视节目。

这样的事不止发生了一次，有的时候，我正在看我喜欢的节目，妈妈走过来，说："这个片子演得不好，拍得也不好，看了没什么意义。"

妈妈，我觉得你这种做法，是只从自己出发，不考虑小孩子的感受。你这种做法是错的！你能让我看我喜欢的节目吗？

既然他这样郑重其事地提出抗议了，理由也很充分，妈妈当然从此"改正错误"，再也不剥夺他看喜爱的电视节目的权利了。

正因为不怕孩子谈不同的意见，甚至提出抗议，我们和牧天相对能和谐交流。因为只有让孩子明白说"不"，不会受到打击，他才会自由表达意见。

（2）善于引导，让孩子有成就感

就是以肯定和鼓励的方式去引导孩子，肯定孩子的长处。

牧天小时候回湖南农村老家，由爷爷奶奶带了半年。爷爷奶奶对他很疼爱，但也有对他严厉的时候，比如他干点儿小坏事会处罚他。于是到了暑假时，牧天提出要去外公外婆家和小舅妈家过，不去爷爷奶奶家，他讲述了三点不去的理由。牧天的妈妈当然知道他不去的原因。于是，他妈妈就给他写了一封信，想办法引导他，这封信是这样开头的：

亲爱的牧天：这是妈妈第一次给最爱的儿子写信。从今天开始，妈妈会经常给你写信，因为我们牧天长大了，都七岁多了呢！而且你已经认识很多字了、懂得很多事了。

之后妈妈便夸奖他。听他外公外婆说，牧天这个学期又是全年级第一名，爸爸妈妈很为他自豪。接着又肯定他愿意从外公外婆家到小舅妈那里住一阵子，妈妈也很赞成，因为他们都很爱牧天，牧天也爱他们，这多好、多棒啊……

然后，妈妈就围绕牧天提出不愿意去爷爷奶奶家的三点理由分别进行沟通。

关于不好玩。我同意你说的，与大城市相比，可能在农村的爷爷家不太好玩，但是，乡村有乡村的美，其他城里的孩子还没有机会去玩。而且我相信我们的牧天是个很有创造力的孩子，以你的智慧，我觉得哪怕是玩泥巴你也会玩出新花样来。

你还说上屋的红姐姐总是不来陪你玩，那是因为红姐姐是个勤劳的孩子，她要帮她奶奶做家务呢！

我建议，如果你再去爷爷奶奶家，你当一回小记者，去采访一下红姐姐，问她一些问题，比如：她爸爸妈妈到哪里打工了；有没有人经常给她买糖果、点心、漂亮衣服和玩具；她有没有去过公园、坐过火车；她放学回来还要帮奶奶干哪些活；她有没有发脾气说家里不好玩；她家里很贫穷，可她为什么总能考第一名、第二名？

采访完了，你再想想自己可以向红姐姐学些什么，然后写一篇题目为"红姐姐"的作文给我们看，你觉得这个主意怎么样？"

其他的两点——农村的屋子有臭鸡屎、爷爷有点儿严厉，他妈妈也以同样的方式去进行引导。结果，每一条都让牧天感到自己的情感得到了尊重，同时妈妈夸奖他有智慧、懂事，让他觉得很自豪。于是他不仅很快答应了去爷爷家过暑假，而且与爷爷奶奶的关系处得特别好，后来，还写文章说爷爷奶奶对自己严厉，其实是为了自己好，让他很感动。我们看到孩子的这些变化，哪能不开心呢？

2. 换位思考，换心感受

有这么一句话：屁股决定脑袋。说的是一个人处于某个位置上，就往往只能从自身这个位置思考问题。这样难以做到客观，也难以做到公正。在处理与孩子的关系时，这个问题也需要格外注意。通常家长可能只是从自己的角度去思考问题，没有考虑孩子的感受与立场，结果往往是误解甚至伤害孩子。在这方面，我也有过一次深刻的教训。

当时我在北京工作，牧天和妈妈在长沙生活，但暑假他一般会到北京和我在一起。有一次，我已经为他买好了几天后回长沙的机票。但就在这时，我得知我师兄的一对双胞胎女儿甜甜与蜜蜜都考上大学了，于是我决定给她们上三堂课，作为送给她们的入学礼物。这三堂课分别讲述如何学习、生活和处理好人际关系。

甜甜与蜜蜜和她们的爸爸妈妈都很高兴、期待。我让牧天把飞机票退了，晚几天走，和两位姐姐一起听课。我以为他会和两个姐姐一样开心，没想到他的表情很怪异，颇不情愿地点了下头，然后一转身，回到他的房间去了。我当时有点儿纳闷，也有些生气。这么好的机会，这小子怎么是这种态度？扭头就走，连基本的礼貌都没有。我越想越觉得应该好好教育教育他。

正在这时，我收到他妈妈转发过来的一条短消息。细看后发现，原来短消息是牧天发给他妈妈的，他通过这条短消息，对爸爸提出严正抗议：

爸爸要给我退票，让我25号再走。这意味着我所有的计划统统泡汤！和我约好的同学会怎么想？表弟和表妹会怎么想？

答应要回去，现在又出尔反尔，叫我以后怎么做人？有没有考虑过我的感受？他为什么要自作主张？你们的孩子就像是被你们用线牵着的木偶一样，要他干吗就得干吗？总有一天，我会被你们逼疯！我会变成匹诺曹，叛逆，离家出走，永远不回来！

我觉得又可气又可笑，哪有这么严重？这真是孩子的反应！我很快记起牧天8岁时的一件小事。

有一次，牧天不知道做了什么事，被他妈妈狠狠骂了一通。事情过去之后，他很认真地对妈妈说："妈妈，我想变成你，你呢，变成我。等我变成你了，我一定不打你不骂你。等这样搞习惯了，我们两个再变回来！"这件事我们曾当笑话去讲，但仔细一想，却觉得大有深意。

孩子虽小，但他也是一个独立的人，他也希望受到尊重，他也很怕父母的打骂。所以，他愿意变为你，以最大的爱和包容对待你，同时让你也变为他，这样你便能理解他的情感和需求，想必当你"变回来"的时候，就不会像以前那样不尊重他，甚至打骂他了。

接着，我又联想到前不久在聚会时，一位美国朋友讲的一件事。

美国有所小学，学生们都愿意去那里学习。其中重要的原因是那里的校长教导有方，能理解和引导学生。举个例子，如果哪个学生调皮捣蛋到了极点，甚至到了要被开除的程度，在最后一关，也能避免被开除。因为最后，校长会安排自己与这个学生对话。对话的方式十分特别，他让孩子坐到校长的大班椅上，而校长则坐到大班椅前的沙发上去。坐在沙发上的校长会设身处地地想，假如自己是一个孩子，会不会也这样捣蛋，这些行为是否有值得理解的理由？与此同时，坐在大班椅上的孩子会想，作为一个学生，调皮不算什么，但假如我是校长，每个孩子都调皮，学校会变成什么样子？这样一来，互相站在对方的角度去考虑，并在此基础上进行沟通，校长说的话孩子听得进去，毛病也容易改正了。

想起这两件小事后，我立即走进了牧天的房间，不仅不对牧天生气了，还向他检讨自己没有考虑他的意见就做决定的错误做法。见到爸爸认错，牧天有点儿意外又很高兴，之后主动把与同学、表弟、表妹相聚的时间调整了一下。最后他既得到了大家的理解和支持，又很高兴地在北京和姐姐们一起学习了三天。这件事后，我们无论做什么决定都尽可能地与牧天商量。例如，买东西、做事、需要的开支等，都会站在对方的角度去考虑。

如果事情拿不准，不妨多听听对方的意见。只有单方面做决定的做法越来越少了，大家相处才会越来越和谐。我们要与孩子形成一种良好的关系，并且创造良性的沟通，其中的关键就是把握八个字：换位思考，换心感受。

"换位思考"就是站在对方的角度设身处地地去思考。"换心感受"更强调假如你是对方，在当时的情况下，你会有何情感反应？人是情感动物，越能重视情感反应，冲突会越少，自己生气、让人生气的事情也会少。

我把这个理念应用到了管理上，也应用到孩子的教育上。在与孩子交流的过程中想要做到这八个字，我建议父母一定要考虑到两点。

第一，他是孩子，不要忘记他还柔弱，不要一味以大人的标准要求他。

孩子毕竟是孩子，从某种程度上就是弱者。孩子有时流露出自己的软弱是正常的，千万不要因为要"坚强"而让孩子"忍着"，更不能让孩子因为屈服于家长"听话"的压力而"忍着"。

第二，认识到孩子是一个独立的人。

孩子也有自己的需求、自己的圈子和自己的生活，他的想法和情感也需要被尊重，哪怕是为他好，也得多多听取和尊重他的意见，不要轻易代他做主。

3. 越能赢得孩子信任，孩子越能打开心门

我是研究管理学的，所以格外崇尚一句管理学的格言：管理之道首先是安心之道。假如你无法让孩子安心，无法获得孩子的信任，你就不可能让孩子为你打开心门。在让孩子接受教育或乐意与你沟通的过程中，赢得他对你的信任并保持这份信任，是至关重要的。你能赢得他的信任，他的心门就为你打开。你伤害了他，失去了这份信任，他的心门就为你关闭。

（1）客观公正，不妄听他人

孩子的心灵比大人更敏感，他们对公平的渴求也比成人更强烈。但遗憾的是，不少家长不懂得这个道理。如果孩子与别人出现矛盾，他们或者因为对自己孩子的严格要求，或者出于要在别人面前维护面子的目的，不管三七二十一，先把自己的孩子训一通。

这样做的结果是什么呢？只要发生过一次，孩子对你的信任就可能土崩瓦

解。曾担任全国妇联华坤女性调查中心主任的邓小兰，曾与我们讲述过她做家教调查时听到的一个纪委干部的故事。

有一次，这位纪委干部的女儿在上学途中，遭到一个同学欺负。女儿不仅被骂，而且还挨了打，当她忍无可忍回敬对方时，一个老师经过，正好看到她手中拿着一根棍子。这时，打他女儿的孩子和那个孩子的朋友，恶人先告状说她打人。这位老师一到学校，就向女儿的班主任报告。班主任又不调查，竟然在班上把她严厉批评了一番。

后来，这位纪委干部去开家长会，班主任又向他告状，说他的孩子欺负人。这位干部对自己和孩子向来要求很严，二话不说就把女儿打了一顿。从此之后，孩子对老师、同学还有父母都失去信任，成绩一落千丈，还不断逃学，最后不仅没考上大学，而且还在生活中屡屡受挫。

直到十年后，这位纪委干部责骂女儿，女儿也痛骂他，并说出当时的真相，他才后悔不已。

在学校中同学之间闹矛盾的事情常有发生，无论是老师还是父母，都不要轻易下结论，更不要拉偏架。否则，不仅容易失去孩子的信任，而且也容易给孩子造成不应该的伤害，也给自己留下悔恨与遗憾。

（2）关键时刻为孩子撑腰

孩子如果受到不应有的欺负，父母不要因为懦弱或做老好人，置身事外，而要果断地为他撑腰。我在成长的过程中，绝大多数的老师对我都极好，我也很感恩。但在中学时，却遇到一个品质极坏的老师，这使我不仅变得内向，而且还差点儿得精神病。我不敢告诉父母，结果天天痛苦，晚上也常常从被那位老师折磨的噩梦中惊醒。直到有一天，我的父母发现了我的反常，与我交谈，才知道这个情况。我妈妈为人向来极为和善，但这次却毫不犹豫地去找了那位老师，这才结束了我将近两年的恐怖生活。

回想往事，我极为感恩有这样一位母亲，并得出这样一个道理：要当好人，但千万别当不负责任的"老好人"，当孩子最需要你的时候，你要为他撑腰和主持正义！

（3）给孩子永久的"安心丸"

我们有位亲戚，这位亲戚的父母都是老师，她上小学时在路上天天被几个坏男孩欺负，但是她看见父母辛劳，就不忍心再去打扰父母，不敢说这件事。这样一来，她不仅经历了将近一年的痛苦，而且这件事给她造成了终生阴影。鉴于此，我们在与牧天交流的过程中，是很注意让他"安心、放心"的。我们一方面要他勇敢地独自面对和处理问题，同时也向他表态，任何话都可以向父母讲。甚至有一天，我还对他说："牧天，我们希望你永远走正路。但是万一哪天你偏离了正路，哪怕犯了法，你也要记住，家是你最信得过的地方。即使全世界都背叛了你，但家永远是最能让你信任的港湾，我们会陪伴着你，和你一起经受生活的考验，陪你走出人生的低谷。"

这其实给了牧天一颗最大的"安心丸"。听到这番话，儿子不断地点头。从他的眼神中，我们坚信，他的心门会永远向我们敞开。对孩子而言，你给他信念，他才敢于讲话。这个信念就是你永远不会排斥他，而且会尽量理解他、帮助他（这个帮助并非代替孩子走路）。每个真正对孩子负责的父母，都应该向孩子发出这样的信号，给他这样的"定心丸"。

4. "三明治"批评法

在教育孩子的过程中，批评是常见的手段，但是如何批评，却大有学问。

一般人批评孩子，总是张口就来，直接指出孩子的缺点，说他如何如何不对，如何如何差。这样做的结果，往往是孩子很难听进去，逆反心理很重，甚至直接与批评者争斗起来。那么，该怎么办呢？我们提出一个"三明治"式的批评方法。

众所周知，三明治是三层，而"三明治"式的批评方法也分三个层次：上面一层——肯定，中间一层——批评，下面一层——勉励。

（1）肯定

也就是说，否定之前要先肯定。这是最关键的一点。

牧天有个弟弟叫鸿基，刚上小学不久，胆子特别大，甚至有时还有点儿莽撞，父母都为他担忧。但是每次见到我，鸿基都有点儿怕。

我知道后，就有意识地问他："听说你怕我，是吗？"孩子不好意思地点点头。这时，他没有想到，其他人也没有想到，我一把抓住他的手，对他说："恭喜你！你开始长大了！"此举让孩子十分吃惊，也无法理解。我便问："如果一头牛向你冲过来，你是勇敢地对着它撞上去呢？还是小心地躲开它呢？"

孩子答："那当然是躲开它。"

"如果一辆汽车向你冲过来，你是勇敢地对着它撞上去呢？还是躲开它呢？"

孩子回答："当然是躲开它。"

我便鼓掌："对了，这不就是你开始懂事了吗？你已经懂得不是任何时候都是只要胆大就行，有时还需要小心，需要尊重别人，对吧？"孩子不断地点头。

有了这样的基础，以后谈什么话他都容易听进去了，我还经常寻找他的闪光点去表扬他。例如，有一次我想带他去超市，他说不想去，要去书店。我便对许多人宣传他喜欢读书，他也越来越愿意与我交流了。在他离开时，还拿零花钱买橘子放到了我的书桌上和床边。当时我不在，等我回来时，看到这几个橘子，我内心很感动。

在引导这个小侄子的过程中，我没有去指责他以前过于莽撞的行为，也没有给他讲"敬畏是智慧的开端"等大道理。我采取的方式是与孩子平等对话，而且发现孩子的长处，认可他的长处，所以孩子容易听进去。

一定要记住，孩子不接受你的观点，并非你的观点错了，而是因为不接受你这个人，说白了，就是不接受你的态度。如果你不体谅他，不理解他，即使你的观点是对的，他也同样不理睬你。那你就得改变态度，一定要保证否定之前先肯定。

有的父母会说，明明是孩子错了，一点儿对的理由也没有，怎么去肯定他呢？那也不要紧，即使你肯定不了他的观念，你也可以肯定他的感受。例如，"假如我是你，我也会很生气"，"假如我是你，我也会很伤心"等。

南京凤凰书城曾邀请我去进行家教讲座，有位老教授说："我教了一辈子书，可是现在连我的孙女都教育不好，她什么都不听我的。"

我让他举个例子。他说，有一次，她与其他小孩子不知什么原因，互相打起来了，当爷爷的就教育她，她年龄大，要让着年龄小的，想不到孙女一扭头就走了，根本不理爷爷。

听到这里，我笑了："你的道理是对的，但孩子有孩子的感受。假如你先说一句，'宝贝，别的孩子欺负你，假如我是你，我也会很生气。'之后再说，'不过你比他们要大一些，大孩子一般是要让一下小点儿的孩子的。你能做到吗？'这样，她是不是更能听得进去呢？"这时，老教授才恍然大悟，拍着脑袋说："您讲得太对了，就是差了这一点，效果才会不一样。我以前怎么就想不到呢？"

以前没有电动剃须刀的时候，刮胡子是要用刀片的。但是通常不能直接刮，要用肥皂涂一点儿泡泡，这样才不会被刮伤。中国人通常把批评人称为"刮胡子"，但是批评孩子时，往往直接用"刀片"去"刮"，这样的话，孩子是不是会"出血"、会"很疼"？假如你在否定之前先肯定，甚至在批评之前先表扬，就如同给他涂上一层肥皂泡泡，你说他是不是更容易接受呢？

（2）批评

一谈批评，一般人认为就是"指责别人的错误"，其实，批评应该是有"批"有"评"，最好是"评"比"批"多。不仅如此，不少人是"发完自己的火"，"骂完"就可以了。而批评要真正有效，就必须明白：批评的目的，并非指出他的错误，而是让对方明白自己的错误，并做出改进的承诺。这就要求既要让孩子承认自己错了，又要让他表态将如何改正。

举一小例。有一次，牧天犯了一个较大的错误，不仅爸爸妈妈教育他，让他写了书面检讨，而且回老家时他爷爷也给他上了一堂很长的"家史课"。目的只有一个，就是让他懂得自我奋斗，而且永远走在正道上。爷爷讲完了，他谢谢爷爷，准备去睡，但他妈妈对他说："你不能就这样走了吧，你得向爷爷表态吧？"

遇到这样"不放过"的妈妈，他只能在向爷爷检讨自己的错误后，再作出改进的承诺。他说道："爷爷，你放心，一言以蔽之，我以后只会为吴家争光，不会给吴家抹黑。"后来他的确没有再犯那样的错误了。几年后，当他回到家乡，学校请他演讲，电视台录制并播放他的节目时，他爷爷感叹说："这孩子，的确为我们家争光了！"

批评，不是下雨，雨下了，其他一切就不管了。批评的目的是提高孩子的认识，避免以后犯错。所以，当孩子出现错误后，不仅不放过对他的批评，而且还要让他保证不再犯同样的错误。这样的做法，确实更有效。

别小看这一做法。如果你仅仅发出指责和怒气，并不能让孩子真正认识到错误！要想让孩子认识到错误并作出改进的承诺，就要让他进行自我监督和管理——他得对自己的承诺负责，这就是自我管理的体现！

（3）勉励

这是批评的"收尾"工作，即批评后，要对孩子说一番"抚慰"式的话。通常的说法是："你本来是不错的，只是你以前没有认识到这点。现在认识到并准备改进了，我相信，只要你说到做到，你一定会更加优秀的。"

为什么要这样做呢？我们通过调研发现，不管是孩子，还是单位里的员工，批评本身并不能让他们恐惧，他们也并不会因此改进。在孩子被父母或老师批评之后，在员工被领导批评之后，他们真正恐惧的是，你对他们没有好的看法了，你不再关心和爱他们了。

对孩子而言，他最怕的往往是你对他的疏远。例如，"你这样做，不要做我的孩子了""你滚吧，滚得越远越好"，等等。这些话真是不少孩子离家出走的导火线之一，新闻媒体中，经常有这样的报道。父母为了发泄自己的一时之怒，导致发生一些不应该发生的事情甚至某些悲剧，难道不值得反思吗？

请记住，批评不是要打击孩子的自信心，更不是让他觉得自己一无是处，而是促使他改进。为此，父母很有必要说上一句勉励他的话，让孩子放下包袱，改正缺点，并且也不会因此而影响与父母的感情。

我们把这种"三明治"的批评方式用在对牧天的教育上，取得了让他容易接受和改变的效果。后来，牧天竟然还将这种方式运用到自己的生活实践中，用来"教育"老师。

在中学时，他们班有一位地理老师，讲课风格生动活泼，还喜欢在讲课中穿插着讲一些自己的故事，同学们平时也都很喜欢他。但有一次临近考试，地理老师上课，依然延续这种做法，同学们就开始苦恼了。大家要复习，只希望老师每分每秒讲的都是重点，老师故事会耽误不少时间。

这时，班上有位同学忍不住抱怨说："总讲故事干什么，我们考试又不考故事，赶紧讲重点啊！"虽然讲得声音小，但老师还是听到了，老师皱了皱眉头，把话题放到了课程重点上。没过多久，这位老师又忘形地开始讲故事了。牧天感觉班上的同学开始有些躁动、不耐烦了。牧天想，应该阻止老师讲故事，但又必须给老师足够的尊重，否则，老师会很不愉快。平时"三明治"的批评方式出现在他脑海里了。于是他举手请求发言，说："老师，您讲的故事特别吸引人，我想找时间单独请您给我多讲讲。与此同时，您刚刚讲的那个重点太精彩了，让我收获很大。只是我没有听得太明白，您能不能继续在那个重点的地方给我们多讲讲呢？"老师一听，意识到自己跑题了，马上重新回到了刚才讲的重点上。

同学们立即对牧天露出赞赏的眼光。而刚才那个小声抱怨的同学，更是向他悄悄地竖起了大拇指。从那以后，地理老师每次见到牧天，都是一副热情的笑脸。

我经常讲这么一个观点："聪明人的舌头长在心上，傻瓜的心长在舌头上。"牧天对这一点体会也很深，后来，在《管好自己就能飞》一书中，他还写了"学会三思而后言"，分享使用"三明治"批评方式等技巧。

第九章

养成自我管理的好习惯

有一句名言："先是我们养成了习惯，然后习惯养成了我们。"

送孩子礼物或给孩子创造好条件，作用都是有限的。如果你能采取有效措施，让孩子养成自觉的好习惯，就等于送给孩子一份不懈进取、终身有用的无价之宝。

掌握自我管理的"一二三四"法则，能让自觉精神落到实处。

只有培养自律能力，自觉才不至于成为一句空话。

1. 牢记自我管理最重要的三句话

我十分重视方法的研究和学习。除了将自己研究的方法及时与牧天交流外，也经常鼓励他自己摸索、总结，并向优秀的人学习方法。

在牧天去美国上高三的前一天晚上，我与牧天交流："美国的教育，应该也有不少好的经验，你要用心学习。如果有好的方法，你也可以带回来给中国的学生们借鉴。"格外值得欣喜的是，牧天高三在美国学习完毕，真的带回了一个自我管理的有效方法，也是自我管理最重要的三句话。这三句话，是牧天的物理老师Shetler教给大家的。

那天，他一进物理课教室，就看到平时那个时刻挂着笑容、诙谐幽默的老师板着脸坐在白板前，白板上写着："The grades in this class：1A，1B，1D，others F…"（这个班的成绩：一个得A，一个得B，一个得D，其他的全部都是F……）等大家都坐好了，老师说："全班最高分有得A的，所以说得A并不是做不到的，那么为什么其他人几乎都得了F？我让你们做作业，你们不做，不是在浪费我的时间，而是在浪费你们自己的时间！"那么，谁是那个唯一得A的人呢？老师揭晓了答案，这个人不是别人，正是牧天！

得到全班最好的成绩，并被老师高度肯定，牧天自然高兴，但他最高兴的，是老师之后与大家进行的探讨。

"我要问大家，影响学习成绩最重要的因素是什么？"

大家议论纷纷，最后老师打断了大家的话，说："很简单，就是分神！没有把精力放到学习上！不知大家看到没有，能够拿到A的吴牧天同学，就是上课时精力最集中，下课后也最愿意下功夫的人！"

牧天不敢说自己肯定是最出色的，但是他有一个切身体验，只要上课时能聚精会神，之后就不需要太多的时间去补习。这时，物理老师说："现在，我要送一个最能帮助集中精力、提高效率的管理方法给你们。"在大家热情和恳切的目光中，老师在黑板上写下了自我管理最重要的三句话。

第一句话，"我的目标是什么"。

也就是要明确树立一个有吸引力的目标的重要性。关于这一点，牧天在自己所写的一篇要树立目标的作文中，引用过一个很有意思的故事。

美国前副总统戈尔有一天得到了一只狗，他非常喜欢这只狗，于是他带着这只狗去请一位专业的驯狗师来训练它。这位驯狗师没有马上答应他，而是问了他一个问题："你驯狗的目标是什么？"戈尔一下子愣了："难道养一只狗都要有目标吗？"于是他没能回答上来。驯狗师说："不好意思，没有目标的话我是不会训练的。"于是戈尔只好牵着狗回去。

回到家，戈尔就开始坐在草坪边的长椅上沉思：我养狗的目标到底是什么？这时，眼前孩子和狗欢快玩耍的场景给了戈尔启发，戈尔拍手叫道："对啊，我养狗不就是为了能让它和孩子玩，能让它帮忙看家吗？"于是戈尔又带着狗去找那位驯狗师，并把自己的目标告诉了他。这回驯狗师很爽快地答应了他，并马上开始对狗进行训练。没多久，训练成功的狗被戈尔接回家，成了孩子的好玩伴，也成了戈尔家中的"保安"。

正如这个故事所说，目标真的很重要。如果没有目标，驯狗师就不知道该怎么训练这只狗。虽然驯狗师有训练狗的本领，但是没有目标，没有方向，那么训练出来的狗就不会有自己想要的本领。所以这个驯狗师是相当聪明的，他知道目标的重要性。因为不同的目标会成就不同的结果。就拿驯狗来说，如果目标是看管羊群，那训练出来的狗就会是一只优秀的牧羊犬；如果目标是搜寻物品，那很有可能训练出来的是一只搜救犬……

每个人都应该学会给自己树立一个目标，让自己有前进的方向，而不是盲目地乱努力。成功学的第一法则，就是"变梦想为目标"。那么，梦想与目标的区别是什么呢？

首先，"梦想写在沙滩上，目标刻在岩石上"。也就是说，梦想是很容易有的，也是很容易消除掉的。但制订目标是很严肃的一件事，执行目标更是一件严肃的事，就是通常所说的——"不达目标誓不休！"

其次，目标需要时间制约，不是拖多久都可以。

再次，目标一定要具体，不要空洞。

例如，孩子说"我下学期要努力提高学习成绩"，这就很空洞。但是如果说，"我这个学期的语文是78分，下学期要达到85分"，"期中考试数学才65分，期末考试我要上80分"，就具体了。目标具体，孩子就有了明确的方向，也能更好地使劲儿了。

再如让孩子明确"我每天要背熟20个新英语单词""我今天要做10道数学应用题""我星期六要把自己的房间打扫干净、衣服分类叠好放进衣柜"等，这都是具体的表述。目标越具体，操作起来就会越简单有效。只有确定了目标，孩子才有方向，才有不断努力去追求目标的那股动力，也才能不断进步，不断成长。

第二句话，"我现在在做什么"。

也就是要时刻警醒，自己此时处于什么状态。

《管好自己就能飞》出版后的那一年暑假，牧天在各地巡回演讲，他以发生在大家身边的事，总结了不少分神的状况。

例如，老师还在讲微积分呢，某同学却想到周末和谁去哪里玩了。再如，已经上课十分钟了，某同学还在纠结——刚刚在课间，谁白了自己一眼，心中愤愤不平。更有意思的是，有的同学可能早恋了。老师还在讲李白的诗呢，但她可能比李白还浪漫，她的心中此时正在唱一首歌——

"你是风儿我是沙，混在一起是泥巴……"

每当牧天讲到这里时，都会引得同学们哄堂大笑。

第三句话，"我现在做的这件事情，对我的目标有没有帮助"。

这句话，说的就是要把心紧紧地聚焦在目标上。如果有分心的行为，就赶紧用减法，去掉它们，将心收到学习上。如果是对学习有帮助的做法，就多用加法，进行强化。

以前，牧天有个习惯，喜欢一边做作业一边戴着耳机，听手机里的音乐。但是，当时他要进行托福考试，必须练习英语听力。他向一些有经验的同学请教。同学建议他多听一些英语有关的资料。牧天尝试这样做了，但后来发现，有时还是忍不住想听音乐，于是就放音乐了，后来他发现这样做，其实是影响了自己更好地提高英语听力。

于是，他马上行动起来，干脆将手机里的音乐全部移到电脑里，手机里只放老托福听力C部分的93篇（练听力的最好资料），有空就挂着耳机听一听，培养感觉。这样一来，英语听力果然就提高了。

牧天分析说："一加一减，看似简单，却包含了深刻的自我管理的道理。懂得管理自己、懂得运用加减法取舍的人，只要坚持，时间一长，绝对会有想象不到的收获。"

这三句话让牧天在其他方面也受益匪浅，并且与不重视这样做的同学，形成了鲜明对照。后来，这三句话也成了许多学习自我管理学生的常用工具。这三句话对帮助孩子们养成自我管理的好习惯，真的太重要了。一些优秀的教育工作者纷纷表态认为，这是最能帮助孩子提高成绩的方法之一。

有一次，我应江苏省镇江市教育局邀请，为该市数百名校长、班主任代表，开展一场《如何让孩子学会自我管理》的讲座。之后与教育局局长交流，他对"自我管理最重要的三句话"格外赞赏，并深有体会地说："对学生而言，最影响学习成绩的莫过于上课不专心听讲，上课时候认真听五分钟，胜过下课以后补习五十分钟。

"为什么呢？因为老师讲课不会等你。你走神了，前面的知识没有掌握，后面的知识可能学不会。如果再不把知识补上，可能就掉队了。一些学生成绩变差的情况，就是这样发生的。

"其实，在课堂上分神的情况，每个同学都可能发生过。最关键的是当自己走神之后，能否用最快的速度把心收回来。而'自我管理最重要的三句话'，就可以帮助学生们达到及时收心的效果。"

这个道理是不是也该转述给你的孩子？

一次在广东江门，某学校数千名学生在大礼堂听我的讲座，当我讲到这三句话时，有个学生忍不住站起来就要发言，因为这三句话太打动他了。这个学生讲到父母养大自己很不容易，他很想让父母为自己感到骄傲，但是以往就是因为分心耽误了学习。现在，他要用这三句话武装自己，每当分神的时候，就用力把自己"拽回来"，力争在高考的时候考上最想去的某大学。他的发言，使现场响起了几千名学生的热烈掌声。

不少学生因为这三句话深深受益，并向牧天道谢。下面是牧天微博上一位读者的留言。

牧天大哥，我本来是一个做事特别散漫、特别容易分心的人。一次偶然的契机我看到了你的书，开始用"自我管理最重要的三句话"来管理自己，之后做任何事都能够专心起来了。

我高二的时候，年级排名是中等水平，前两天我刚考完三模（第三次高考模拟考），我竟然进了年级前列！牧天大哥，谢谢你的书！

实际上，不管是读书，还是从事其他有意义的事情，专心都是成功的关键。这三句话，对培养孩子的专注力和对目标的追求力，的确有很明显的作用，请分享给你的孩子吧！

2. 如何坚持写好自我管理日记

在我分享牧天成长的内容时，自觉写作自我管理日记是最吸引家长、老师和孩子们的。不少人反映，他们也知道写日记好，写自我管理日记对成长更加有效，但是孩子能写一篇都不错了，怎么能坚持写这么多呢？

说实话，牧天从17岁生日开始写自我管理日记，到一年多后写了30多万字，当时给我的感觉也是震撼，而他竟然坚持到今天，目前写了近200多万字的日记，我仍觉得不可思议。细细分析他能坚持的原因，也是有一些科学依据的。掌握了这些方法，不仅对你指导孩子写自我管理日记有帮助，而且对你在其他方面培养孩子养成好习惯，也有帮助。

（1）高度重视"21天习惯养成规律"

在教育孩子的过程中，不少家长经常有一个困惑，某些道理与做法，你与孩子讲过了，甚至还强调过了，孩子开始会听话，但不知为什么，过一段时期他故态复萌，你说过的话等于没说。遇到这种情况，有的家长会灰心，有的家长会生气，有的家长甚至还会气急败坏地指责孩子："到底是傻还是故意惹我生气？哪怕是只猪都教好了！"

其实，既不是孩子傻也不是他故意惹你生气，而是你可能忽略了一件事——21天习惯养成规律。这个规律讲的是任何人要改变旧习惯、养成新习惯，其实并不是件容易的事。既然叫作"习惯"，那就有着强烈的惯性，没有一定的意志与自己搏斗，没有一定的时间，是难以改变不好的旧习惯、养成好的新习惯的。那么，这个时间是多久呢？大约21天形成雏形，90天可以固化。

要形成一个好习惯，必须坚持21天的时间，也就是三个星期。

第一个星期，有兴趣，有动力。第二个星期，人的惰性思维会来干扰他，这时候如果没有尝到好习惯给他带来的好处，他很容易懈怠，甚至放弃。只要坚持三个星期，旧习惯的力量就渐渐消退。新的好习惯就渐渐发力，好习惯带来的甜头也渐渐出现。这时，要继续下去就容易多了。这个法则的关键，是在第二星期，最容易灰心的时候，不能灰心，最想放弃的时候，不可放弃。

我当初要牧天写自我管理日记时，并没有要求他写得多有文采、多有思想，只要求他好好坚持，尤其要首先保证坚持21天，之后再保证坚持90天。牧天答应得很快。果然，一开始，因为觉得新鲜、有趣，也觉得这个点子挺不错，坚持了下来，这让我觉得很有成就感。但是，正如我所料，到第二个星期时，他果然懈怠下来了。晚上十一点半时，我发现他还没有把日记发给我。于是，我走进了他的房间。

我发现，他根本不是在忙学习或者其他重要的事情，而是在电脑上看动漫。我走过去，没有指责他，而是拿手指在他肩膀戳了一下："21天！"他抬头看看我，把心思从看动漫中调整过来了。半小时后，他把管理日记发给我了。

家长需要注意，当你让孩子作出改变或建立新的好习惯时，请和他一起做好"坚持21天"的准备。如果中途他开始懈怠，没有坚持，你要及时提醒并督促，让他走过这关键的21天。

（2）不是因为生活精彩才写日记，而是写日记使生活更精彩

经常有人问一个问题：要记日记，首先得有事情可记，一个学生，哪有那么多事情可以记录啊？这样的看法，牧天也有过。他的日记有两次发晚了，我催问他为什么没有发，他就是这么回答的。当时，我引导他："如果你抱着提升自己的目的去写日记，即使哪天没有内容可记，也可以试图把这一天过得更有意义，然后再将这一天记录下来。比如，你多看一篇文章，或多与有智慧的老师、同学交流，你能得出一个有意义的观点，不就有东西可记了吗？"

一语惊醒梦中人，这时他才明白，原来，不是因为精彩才写日记，而是因为写了日记，生活可以更精彩。为什么不以此为契机，让自己每天都活得有意义，从而让每天的日记也能记录得更有价值呢？通过记日记，牧天有了以下收获。

第一，他全面提升了素养与能力。

牧天不仅提高了成绩，还提高了解决问题、与人相处、多做贡献等的能力和意识。我们曾把牧天刚开始写日记时的感悟，与他两年之后写的做对比，惊讶地发现，写日记的作用非常大，因为它符合一个绩效管理的良性循环：计划—落实—反思—改进—计划……

一个学期过去了，孩子的成绩不理想。你批评他、鼓励他，他终于表态："下学期我一定努力，一定取得好成绩。"家长们想必对这种情景并不陌生。可是下学期呢？表态归表态，他并没有真正努力。到了下个学期结束，成绩可能还是老样子。这时，你让他再表态，还有作用吗？

自我管理日记的最大价值之一就是让计划和落实发生作用。

首先是重视计划。所谓"吃不穷，穿不穷，不做计划一生穷。"有计划的人才会有目标，才会有前进的动力。

与此同时是不让计划落空。五条必写的内容中，第二条就是"对昨天计划的落实情况"，让孩子在不断反思和改进中成长。这样就逼着孩子每天主动思考，每天都有实实在在的成长和进步。

其实，让孩子养成写日记的习惯并不难，甚至如果孩子还小，掌握的语言文字不够多，父母可以每天花十分钟跟孩子进行交流，问问孩子都做了什么事情，最大的收获是什么，有没有哪些地方可以做得更好？然后父母帮孩子把这些记录下来。等他稍大些就让他学着自己记，这对于孩子的成长会有很大的帮助。

第二，他为未来的竞争储藏了能量。

日记中有不少内容，都是他当时为了适应将来的生活而记录下来的。牧天比较重视"为未来学习"，他经常有意识地去学习对未来发展有用的东西。例如选课，他会选择"前沿科技与发明"；实践，他会去做社会服务或参加关于加强团队建设、提高职业素养的活动；听讲座，即使才上大学，他也会想办法去听那些只有毕业生才去听的讲座。这些内容，表面上看起来对当下没有什么作用，但提前为未来做了准备，更能在将来的竞争中获胜。

第三，他为生命储存了阳光。

从牧天很小的时候开始，我们就告诉他，一切美好的东西都是生命的阳光，我们储存的阳光越多，生命就越美好。在他的日记中，的确储存了很多这样的"阳光"。里面有老师、同学对他的关怀，有陌生人送给他的温暖，有残疾人向命运发起的挑战，当然也有平时一般人不注意的生活中的点点滴滴。我们且看其中的一则。

松鼠在美国并不少见。今天在路上，我看到两只小松鼠面对面坐着，各自手里拿着一个坚果往地上砸。有一只小松鼠砸了很久都没有砸开，而另一只很快就砸开了。它把坚果砸开后，把能吃的部分掏了出来准备吃。但是当它看到对面的松鼠没有砸开坚果时，非常可爱的一幕发生了——

它把果肉咬掉一半，边嚼边把另一半递给对面还在砸坚果的伙伴。对面那只松鼠便放下了手中的坚果，接过那半个砸开的坚果，幸福地享用起来。

多美的画面啊！可惜，在我马上要用手机拍摄下来时，它们就被我惊动了，一下子蹿走了。有的时候，友情其实很简单，就是和朋友分享自己拥有的那个坚果而已。

这样的画面，是不是也使你觉得难忘呢？牧天最后的那句感悟，是不是在某种程度上也抓住了友情的关键呢？

（3）放弃只要一分钟，坚持却要一辈子

值得提醒的是，并不是说坚持了21天养成基本习惯，甚至坚持90天固化习惯之后，就万事大吉了，因为半途而废的风险同样存在。我清楚地记得，当牧天坚持写了90天日记以后，他真的享受写日记的习惯了。哪怕有诱惑，有突发事件干扰，他也要写，好像不写就很不自在。

让我印象格外难忘的一次是在美国读高三时，寄宿家庭带他到另外一个城市的迪士尼乐园游玩了一个星期。牧天一直用电脑写总结，这一次，他不方便带电脑去，但是他知道不能因此丢了写总结的好习惯，于是随身带了本子和笔，每天记录，等从迪士尼乐园回来之后，再把本子上的东西录入电脑。

牧天考上美国的大学后，第一个暑假，他回到国内，也许是累坏了，想放松一下，竟然有十多天没有写日记。我本来期待他靠自觉补上，但一天天过去，他还是没有动静。这时，我决定好好与他交流一下，让他进一步认识到把这习惯坚持下去的重要性。我写了一篇5000字的长信给他，一共谈了五个对他成长很重要的问题，其中一个是："这个我们认为很有价值的总结习惯要不要坚持下去，如果要坚持下去，你该怎么办？"

为了让他认识到管理尤其是自我管理的价值，我与他交流了一些重要的管理学法则。包括"管理是一种严肃的爱""管理要点就是规范聪明人""自我管理看起来是约束了自我，实际上是更好地成就了自我"，等等。

牧天写作自我管理日记时，大多数时候，我们是欣赏者、鼓励者、引导

者。在他要解决问题时，还是帮助者，一旦发现他哪些行为不好，肯定会督促和批评。这些批评让牧天觉察到自己的不足，并自己提出改进措施，如果再做不到每天及时写日记并发给我，就要有一定的经济处罚（具体做法，请参阅"自觉抵挡诱惑：自由的代价是自律"）。

通过这样一次"心与心"的交流，他彻底认识到了写作自我管理日记对自己一生成长的价值。之后，再也不用我来催问，一直把这个习惯坚持了下来。

这样的坚持，还延续到牧天后来写书这件事情上。对于从没有写过书的他而言，写书是一项严厉的挑战，我鼓励他说："不要急于一口气写完，只要你定下每天大约要写的字数，按部就班地写就好了。"

那个暑假，牧天坚持半天去学吉他，半天写作。当他把10万字书稿的最后一个字写完，按下保存键时，忍不住大笑，并"自恋"地说了一声："天哪，这是我写的吗？这么多字，我是怎么写出来的啊？"我微微一笑，对他说："你是一个字一个字写出来的。"

这是一句幽默的话，也是一句富有哲理的话。牧天听到这话，在日记中记下了当时的感觉：

爸爸的话很轻，但对我如同醍醐灌顶。

是啊，谁能想到一个中学毕业生能在这么短的时间，写出这样一本书来呢？何况还是一个理科生？

在写之前，我是那样胆怯和畏惧。尽管当初爸爸与我交流时，发现我可以写这么一本书，鼓励我勇敢尝试，但是想到要在那么短的时间要写下十几万字，我还是觉得任务艰巨。

只是因为当时下了决心要写，之后就开始写，天天坚持写，每当要放弃的时候，就想着无论如何都要写完。没有想到，这样一本书稿竟然真从我手中诞生了。

任何看起来很难的事情，只要坚持去做，哪怕进展很慢，也因为坚持而有惊人的效果，最怕的就是中途放弃。

因为，放弃只要一分钟，坚持却是一辈子！

3. 自我管理的"一二三四"法则

自我管理不是空洞的理念，而是实实在在的实践。自我管理的法则也不是一些零散的火花，而是一套互相关联、互相促进的系统。这是应众多父母的要求，总结出的一套青少年自我管理系统的法则，从我们的教子实践来看，既好记又管用。

一个原则：主动不主动，相差一百倍

两大关键：结果导向与方法意识

三种思维：正、反、合

四项训练：勇于面对、敢于承担、善于解决、勤于总结

（1）一个原则：主动不主动，相差一百倍

原则是最核心的，自我管理的核心就是主动自觉。要让孩子们树立"主动成就一切"的意识。那么，这份主动自觉体现在哪里呢？

正如前面章节所述，往往就体现在"不要别人逼，自己就做好""不要别人逼，自己早做好"。

（2）两大关键：结果导向与方法意识

① 结果导向。

为做任何决定提供基本的考虑根据，即做什么事情，说什么话，都要时刻考虑到它们会带来怎样的结果。如果有好的结果，就多多去做；如果结果不好，就不去做；如果结果不理想，就要优化你的言行。

② 方法意识。

不蛮干，要学会以方法解决问题，从蛮干到巧干，想出最好的办法来。

牧天在美国学习时，有一天早上起来，就听见寄宿家庭的爸爸Adam叫两个儿子出去帮助收拾院子。但是这两个孩子哭闹着不肯出去，嫌太脏了。于是，牧天开始帮忙劝两个孩子，说外面不脏，而且积极引导他们懂事一些，觉得他们有必要出去帮帮忙。但是，他们丝毫没有反应。

就在这时，牧天突然想到，孩子最大的乐趣就是玩，不如向这方面引导他们吧。于是他说："我觉得收拾院子应该挺好玩的，我要去帮忙！"之后，他就穿好鞋子出去，开始帮寄宿家庭的爸爸收拾院子，他不仅表现得十分敬业，更表现得很快乐，脸上带着微笑，嘴里哼着小曲。

奇迹发生了！两个孩子真的被他带动了。本来说什么也不肯出门一步的孩子，很快就都穿好鞋子、戴好手套，跑出来要帮忙了。此情此景，令寄宿家庭的爸爸十分赞赏，对牧天说："你真有本事，看来你很具备领导才能啊！哈哈！"真是换种方式就成功啊！

（3）三种思维：正、反、合

古人有云："三思而后行。"这句话的含义是任何事情都需要慎重考虑，这样才可能采取合适的方式达到最好的效果。这是对一个成熟人的基本要求。

那么，"三思而后行"中的"三"到底是什么呢？有的人说是三次，有的人说是再三，有的说是多次。我觉得都有道理，但都没有说到点子上。后来，我得出一个结论：这个"三"，应该是"正、反、合"，即正向思维、反向思维、综合思维。

正向思维，即从正面考虑，做这样一件事情的好处、机会、优势等。

反向思维，即从反面考虑，做这样一件事情的坏处、劣势、问题乃至陷阱。

综合思维，即结合上述两方面，进行全面而系统的思考，从而选择最佳方案。

人，最好是三种思维都具备。但是不同的人，其思维特点是有偏重的，如有的人很乐观，适合进行开创性的、冒险性的工作，与此同时，他可能反向思维不够，所以容易摔跤。这种人，就得提醒自己要加强反向思维的训练。

与此相反，有的人偏向悲观和谨慎。这种人，要他去做检查、把关的工作是很能发挥其长处的，但是他可能缺乏创新精神和开拓精神，很多好机会，很可能还没有开始努力就已放弃。这时，应该尽可能培养他的正向思维。

牧天小的时候，正向思维不足，所以我们大大培养他自信心的建立，鼓励他多尝试。但是到了高三和大学以后，因为正向思维已经很好地建立起来，自信心也建立起来了，于是我们提醒他，要在培养反向思维上下功夫。他也主动努力，并因此收到越来越好的效果。

在高三作为交流生住在寄宿家庭时，一切都好，美中不足的是，他喜欢户外活动，而寄宿家庭的爸爸和三个孩子喜欢在家里打电脑游戏，寄宿家庭的妈妈是家庭妇女兼作家，也不爱出门。这样各自的生活方式就有了冲突，多少影响了交流效果。

这时，主管当地交流生的地区代表知道了这事。她很热情地对牧天说，鉴于这种状况，她可以为牧天联系一个新的寄宿家庭，那个家庭可以为牧天安排更多的户外活动，而且牧天可以尽快搬过去。刚听到这一消息，牧天心中一阵狂喜。但是，他很快冷静下来，以"正、反、合"的思维进行思考。他最后决定不换了。地区代表很惊讶，问牧天为什么。

牧天的回答是，尽管换家庭对自己来说更合适，但是，自己必须考虑到现在寄宿家庭的感受。到这个家庭后，他们一直很为自己着想，很关心自己，他们不仅无偿为自己提供了良好的生活环境，也帮助自己好好成长。如果自己真的换了，不管出于什么原因，都会让他们有挫败感，让他们觉得这是对他们的否定。

这番话，让地区代表十分感动。她愣了一下，说："你知道吗，我从事交流生安置这项工作快15年了，接触了全世界很多交流生，但我一直没遇到过像你这样的学生。以往有不少学生，都是因为各种各样的不愉快吵着要换家庭。当然根据规定，他们有权利这么做。但是你却是一个不只考虑自己，更关心他人的榜样，从你身上，我看到了中华民族的优良品质！"

希望大家在做任何决策，尤其是重大决策时，一定要有"正、反、合"的思维习惯，这才是真正的"三思而后行"。

（4）四项训练：勇于面对、敢于承担、善于解决、勤于总结

自我管理不是只懂得道理就够了的，还需要好好锻炼。

我们应该在以下四方面下功夫。

① 勇于面对，出了问题，决不躲避。

这是自我管理的起点，就像他在军事夏令营感悟到的那样：第一时间面对，第一时间成长。

② 敢于承担。

成为一个负责任的人包括两方面：第一，承担自己该承担的责任；第二，对别人和对社会承担责任。

③ 善于解决。

关于解决问题，我们既要埋头苦干，更要抬头巧干。

前者是要有敢于奉献、甘于吃苦的精神，后者是要善于观察和思考，更要重视方法和策略。

④ 勤于总结。

总结的关键，就是要善于以最精练的语言，抓住核心特点。要培养总结能力，就要勤于总结，你越是喜欢总结，越会多多地总结，总结能力就越容易提高。（关于这四项能力，在本书第一章、第四章、第十一章都有详细说明，请参阅。）

4

第四篇

全面应用：

如何让孩子

处处自觉

内容提要

让孩子拥有了自觉精神与自我管理方法后，就要引导孩子将它们落实到方方面面。

让孩子自觉学习、自觉解决问题、自觉提高效率、自觉抵挡诱惑和自觉处理好人际关系：让阻力少下去，让助力多起来是成为"自觉型孩子"的关键，值得格外重视。

当孩子们能将自觉精神与自我管理能力应用在这些重要方面时，他们的成长就会有质的飞跃，就能进一步强化自觉的积极性。

第十章

自觉学习：从"要我学"到"我要学"

如果要问家长最关心孩子什么，学习无疑是大家最关心的问题之一。谁不望子成龙、望女成凤？让孩子有好的成绩、考上一个好的学校，是许多家长最殷切的愿望。

那么，好的学习成绩来自何处呢？毫无疑问，掌握好的学习方法很重要，但拥有一个自觉学习的态度更重要。

孩子成绩不好、喜欢打电子游戏等问题，在根本上都是因为孩子没有培养出学习自觉性。只有让孩子从"要我学"改为"我要学"，他的学习才有源源不断的动力，成绩自然也会提升。

1. 四岁可学方法论，六岁可学辩证法

看到这个标题，有的家长可能认为是耸人听闻，但这的的确确是我在培养孩子上做的有效实践。这是为了让孩子培养学习兴趣，从不爱学习到爱上学习的第一步，也是最关键的一步。

（1）向贝多芬的爸爸学习

我这么做的目的，是想尽早培养孩子学习的兴趣。应该说，在孩子成长的第一个阶段，确实达到理想的效果了。而我之所以能采取有关的方法，是因为我受到了贝多芬的爸爸教育孩子的启迪。

众所周知，贝多芬是世界上最伟大的音乐家之一。而他走上音乐的道路，与他的爸爸十分善于引导，培养他学习音乐的兴趣有着密切的关系。

贝多芬的爸爸身为宫廷乐师，他决定好好培养贝多芬的音乐才能。和许多孩子一样，小贝多芬很贪玩，一刻也安静不下来，根本就不能老老实实地坐下来弹琴。很多家长可能就直接逼迫孩子弹琴了，但贝多芬的爸爸决定针对孩子的特点，从先培养贝多芬的兴趣入手。于是他找来一架闲置的旧羽管键琴放在家里，然后问小贝多芬想不想做游戏。

哪个小孩不喜欢做游戏呢？小贝多芬一听，高兴地答应了。

贝多芬的爸爸将他领到琴前，指着黑白两种颜色的琴键说："白键呢，代表的是小白羊，黑键呢，代表的是大黑熊，我们比赛看谁摸的小白羊多吧。"

当小贝多芬的小手一触摸键盘，悦耳的琴声就响起来了。他觉得很奇妙，

就在琴键上随意按起来了。这样做可不会有学习效果啊。他爸爸笑着阻止他，之后握着小贝多芬的手，教给了他正确的指法，然后让他数数能摸多少只"小白羊"。

小贝多芬便边弹边数起来，数得津津有味。他爸爸则在一旁及时帮他纠正指法，接着，又用同样的方法，让他在摸"大黑熊"的过程中掌握了指法技巧。这个游戏对小孩子成长来说太有吸引力了。他第一次能安静地坐下来弹琴，几天之后，他竟然基本掌握了正确的指法。

接着，他爸爸又换一种新的游戏——爬台阶。他指着键盘说，这代表一级级的台阶，每一级都会发出不同的声响，我们来比赛看谁爬得高。

后来，又比赛"下台阶"……就这样，在轻松好玩的"游戏"中，小贝多芬掌握了弹奏的技巧和方法，并且对弹奏产生了浓厚的兴趣，经常坐在琴前一练习就是很长时间。

记得当时在一本世界著名音乐家的故事书中看到这个故事时，我不由地拍手叫绝。我当时想，在孩子学习的过程中，尤其当孩子还很小的时候，一定要引导他学习。没有比先激发孩子兴趣更重要的事情了。就像你无法按着一头不想喝水的牛的头，让它去喝水一样，如果孩子缺乏兴趣，那么他怎么做到"我要学"呢？许多知名人士的共同体验都是兴趣是学习最好的老师。

贝多芬爸爸的做法，可以用八个字来形容：在玩中学，在学中玩。先在玩耍、游戏中激发孩子的兴趣，然后在兴趣中培养和促使孩子养成爱学习的好习惯，这是让父母和孩子都感到既轻松又十分有效的途径和方法。

看到这个故事时，牧天才刚出生不久。我暗暗下决心，等他开始懂事的时候，我就要用同样的方式，开发他的智力，培养他学习的积极性。

（2）几岁就学方法论和辩证法——十分有效的实践

孩子要学会自我管理，只有精神不够，还得有能力，尤其是善于解决问题的能力，理性思考的能力，甚至还得懂点儿哲学。但是，一谈这些能力的培养，人们往往认为这是孩子长大以后的事情。但是我觉得完全不必拖到以后，而应该尽早开展，越早越利于孩子的思维能力开发和提高。牧天四岁时，我们就开始教他学习方法论，六岁就学辩证法。方法很简单，每个父母都可以学会。

思维训练从哪里开始，按德国著名哲学家黑格尔的说法，最基本的思维是同异比较思维，"同"就是总结相同点，"异"就是探究不同点。说白了，前者是总结，后者是分析。那么怎么办呢？有一个很能激发孩子兴趣也很管用的方法，就是让他随时开展一个简单的活动。

例如，当我们与朋友聚会时，让他来观察，并说出爸爸与叔叔十个相同的地方和十不同的地方，或妈妈与阿姨十个相同或不同的地方。随便谁都可以，也可以让他将自己与其他小朋友做比较。

牧天不仅对这一招极为有兴趣，我们后来推荐给许多朋友，他们的孩子也对此十分有兴趣。其实，找相同点就是最简单的总结，找不同点就是做最简单的分析。在这样的基础上，经常让孩子去做更根本的总结与分析，如最大的相同点是什么，最大的不同点是什么，等等。

与此相对的是分析，找事物之间的不同性，他也很有兴趣。之后，我们就开始开发他的多元思维了。

有一次，我们考问他：手有多少种用法？如果能讲出30种就给他奖励。结果没想到，他竟然连想了三个小时，想出了137种用法，将动物世界里面猴子用手的方式都算进来了。这样的效果，甚至出乎了我的意料。

那么，在孩子六岁的时候，怎么引导他去理解辩证法呢？那就是与生活密切挂钩，让他觉得哲学就在生活里。

有一年春节，我带牧天回到湖南农村老家。看到他一天到晚玩得很疯，我想到可以给他讲一点儿辩证法。记得当时对他讲的故事是"塞翁失马，焉知非福"，他略微懂一些，就引导他得出"坏事可以变为好事，好事可以变为坏事"的结论。一会儿，他说要和其他哥哥姐姐去镇上玩，我同意了，让他路上要小心。他手一挥说："知道啦，知道啦！"我又叮嘱一句："记得辩证法啊！"他不耐烦地说："知道啦，知道啦。"便急不可耐地跑了。

大约二十分钟后，我正陪朋友在客房聊天，猛然发现牧天像一只很乖的小狗一样，悄悄走进来蹲在身边了。我不由得问他："咦，你不是去镇上了吗？怎么这么快就回来了？"牧天耷拉着脑袋，安静得有些反常。这时跟进来的小伙伴们开始汇报了："牧天刚才太高兴，翻到水田中了，他奶奶刚为他洗过澡！"

我哈哈大笑，问他："你现在懂得什么道理了吗？"他有点儿尴尬地回答：

"我知道了，坏事可以变为好事，好事可以变为坏事。"

小小的年龄，能有这样的认识，也算不错了。

类似这样的培养对牧天后来的成长起了很重要的作用，帮助他解决了一些棘手的问题。例如，在前面讲到的，把刁难自己的地区代表，变为当时在美国对自己帮助最大的人，就是辩证法的高度体现。

（3）扫地也可以扫出创新来

牧天在美国大学学习时，还担任了普渡大学大学生创新创业协会会长。我曾问过他："你是怎么争取到这个职务的？"

他回答说："我能担任这个职务有不少原因，其中一个很直接的原因就是您在我小时候，总培养我创新的能力。对我影响最大的事情之一，应该是那次扫地扫出创新来的体验吧！"

我微微一笑，当时的情景，又活灵活现地出现在眼前。

大约是牧天五岁的时候吧，有一天，我看书看累了走到客厅，发现家里没有其他人，只有牧天一个人拿着扫把在扫地，而且扫得那样开心和投入——尽管很费劲地拖着扫把，脸上一脸汗水，但他全然不知。就在这时，我突然产生一个灵感，决定好好启发他一下："牧天，爸爸这些天不是经常给你讲创造吗？如果扫地能扫出一些新意，我就奖励你两元钱去买糖。"听说有奖励，牧天的积极性一下就被调动起来了。他把扫把一丢，蹲在墙角思考起来。

我在旁边看起书来。时间一点一点过去了，当我快忘掉这件事的时候，牧天突然惊呼道："爸爸！爸爸！我知道了！"

这句话，往往是他思考问题"顿悟"之后说的，当他说出这话时，我总是格外高兴。果然，他马上给了我一份惊喜。只见他"噔噔噔"跑到厨房，拿了一个垃圾袋，将它套在簸箕上，把垃圾直接扫进垃圾袋里面去了。之后得意地看着我说："爸爸，这算创造吧？"

一般说来，都是先把垃圾扫到簸箕里，在垃圾桶的上面套一个垃圾袋，然后再把簸箕里面的垃圾倒进垃圾袋里。而现在，牧天省掉了中间环节，将垃圾袋直接套在了簸箕上！我马上点头，大声夸奖："的确是创新，而且是了不起的创新，省略了一道工序啊！"

我是研究思维学的，知道这看起来很小的一件事，却是很了不起的创新突破。要知道，戴尔电脑之所以成为信息时代最了不起的创新之一，其革命性，不正体现在省略程序吗？我对牧天的"创新"大加肯定，但有意思的是，我发现他并没有太多兴奋，而是充满期望地盯着我。我终于反应过来了，赶紧拿出两元钱给他去买糖，同时大笑着命令他："买糖去，不过顺便也把垃圾丢到外面的大垃圾桶里。"

之后的情节就让人忍俊不禁了，他一手把两元钱拿过去，像一阵风一样跑向门口的小卖部了。此刻，他才不管什么丢垃圾的事呢。这样一来，牧天的积极性可高了，他先后"发明"了伸缩板凳、魔术笔筒等，至于经他改良的玩具，更是遍布家中。渐渐的，他养成了这样的习惯：无论做什么都喜欢多想一步，进行独特的思考。

其实，从牧天出生之后，我们就经常注意对他进行创新思维和创新能力的训练，尤其注意引导孩子在生活中、游戏中，探索新的、有价值的事物。这一来，牧天不仅在后来学习理科科目时经常有创新，而且写作文时也常常能写出新意来。如一般人讲"理直气壮"，他却写出一篇"学会理直气和"的文章来，被多家报刊发表和转载。一般人讲"三思而后行"，他会总结出"三思而后言"，并作为"管理好语言"的一部分，收录到他所著的《管好自己就能飞》一书中。

在方方面面注意养成具有独特见解的习惯，孩子学的东西怎能不更科学、更有用呢？而且在未来，谁说这样的孩子不能有大的创新与发展呢？所以当牧天说，他能当上普渡大学大学生创新创业协会会长，与这次"扫地时的创新"有关，我也觉得有一定道理了。

用一句话来概括就是重视寓教于乐。我们既可以采取创造有关条件，让孩子在快乐中学到东西，也可以反弹琵琶，当孩子在做一件好玩的事情时，引导他，让他把好玩的事，当成有价值的事去做。因为，当孩子最高兴、最兴奋的时候，往往也是我们对他进行学习引导的最佳时机。

2. 要想人前风光，就要人后吃苦

那么，孩子有了兴趣，就万事大吉了吗？

实际上，兴趣只是个起点，是基础，但学习并不是一件轻松的事情。尤其是随着孩子年龄越来越大，要学的东西越来越多。这时候，我们就要培养孩子在学习中面对困难和问题的意志力了。

我格外认可全国优秀班主任刘利梅老师的名言：

让学生直面学习中的困难，打破快乐轻松学习的神话，这是每一个明智的师长要做的事情。

在这一过程中，学生收获的，将不仅是知识，更有毅力、恒心，克服困难的勇气等重要的非智力因素。

有兴趣，不等于轻松，尤其是不等于玩耍那样轻松。所以当孩子年龄大一点儿，尤其是上学以后，我们更要重视引导孩子直面学习中的困难并主动挑战问题了。

在这方面，我们给了牧天许多引导，或是采取体验的方式，或是讲述自己的学习和人生经历，或是以某些他崇拜的明星的奋斗故事等，让他感受到"越能吃苦的人，越能体会成长的甜蜜"。引导到一定时候，孩子就会自己去经受这种"建设性的痛苦"。

一个寒假的早晨，牧天突然来了灵感，主动写了一篇文章。写完后，他对自己很满意，自言自语地说："这个孩子表现不错嘛，重重表扬一次！"之后，他兴冲冲地将文章丢给我看，然后跑到客厅，跷着二郎腿坐在沙发上，打开电视奖赏自己。

我细细看了一下文章，先是好好夸赞他主动写作文，也点评说这篇文章有哪几处写得很好。付出的劳动得到认可，他笑眯眯地看着我，充分享受了这个过程。这时我问他："你想不想把这篇文章改得更好呢？"

没有得到百分之百的肯定，他有些失落，从表情中可看出他心中有点儿懊恼，似乎在说："本来没事的，我真是自找苦吃。"但是，把文章改得更好的理由没办法拒绝，他点点头表示愿意。于是，我便告诉他文章哪几处写得不够好，应该修改。

他坐下来准备修改了，我又"叮嘱"了他一句："这篇文章有很好的基础，你把它改出水平来，好不好？"这样一说，他答应得非常快："放心吧！一定改好！"

他十分用心地修改了两个小时左右，将文章改完了。他很高兴，认为可以放松一下了。正好他表弟来找他打球，于是，他一边把改好的文章丢给我，一边穿鞋准备出门。当他走到门边时，我又一次叫住了他，说改得还是不够好，又指出了新的不足之处。这下，牧天沮丧极了，发泄似的甩掉刚穿了一半的球鞋，让表弟先去。表弟认为不需要多久，决定等他。

谁知道，改完第二遍，我还是不满意，又叫他改第三遍。在一旁等了好久的表弟，看出来哥哥一时半会儿根本弄不完，于是很不高兴，悄悄对他嘟哝了一句："你爸爸真是一个暴君！"然后自己抱着球出门了。

看见表弟走了，牧天又急又恼，想起表弟跟朋友们在球场上弹跳扣篮、在街上买零食吃的情景，心里更是发痒难忍，恨不得生出两个翅膀飞到他们那里去，还管什么文章！但牧天知道，不能这么做，否则，自己心里不踏实，也没法向我交代。如果想快点儿出门打球，只有一个办法——赶紧把文章改好。

　　既然没有别的选择，那就先别想打球的事，一心一意改稿子吧。每改一遍，就让我看一次，不行又接着改。哪怕吃完中饭、晚饭还是继续改……

　　直到改到第六遍时，我脸上才终于露出了满意的笑容，说不错，可以过关了。牧天如获大赦。他抬头看了看墙上的钟，已经晚上十一点多了。这时我让他把最后一稿与最初那稿，对比看一下。他细细地看了看，惊叹说："哇，现在看起来，第一稿简直是惨不忍睹。爸爸，您当时怎么没有直接指出我写得很差呀？"

　　我笑了笑，说："那么，你对最后这一稿是不是很满意？今天花了一整个白天加上晚上来改这篇稿件，值不值得？"

　　他再次看了看稿件，然后笑眯眯地对我说："满意！值得！"

　　我进一步鼓励他："我不了解现在青少年学生在媒体发表稿件的标准，但我觉得，你这篇稿件够发表的水平了。我也不懂得现在还有哪些刊物刊登这类文章，你明天回学校后问一下老师，就直接投稿吧！"

　　他听了这个建议，回学校后从阅览室查了一堆青少年媒体的名单，主动投稿了。后来，这篇文章被全国著名的《中学生优秀作文选》刊登了。这让牧天在班上小小地红了一把，老师还把他的文章贴在墙上供大家学习。

　　表弟看他的文章上了报纸和杂志，露出了羡慕的神情，问他文章是怎么写出来的。牧天对他说："就是那天你邀我去打球，我没有去，花了一整天改出来的那篇文章啊。"表弟摸了摸脑袋，说了句狠话："如果能写出这样的文章来，我宁可一个月不去打球！"

这次经历给了牧天一个很深的体会，后来他还专门将这次经历写了一篇文章——《要想在人前风光，就得在人后吃苦》。在这篇文章中，他写道："在当代社会，哪个青少年不想在众人面前风光，不想领受掌声、鲜花与羡慕的眼神呢？但是，你可知道，我们不能只想着风光的好，更要记得，风光的背后只有多多付出，才能品尝到比别人更甜的成果。"他还总结出如何才能体现主动吃苦的做法：首先，要舍得在别人享受的时候自己主动吃苦；其次，要能在没人监督的情况下自觉吃苦；再次，越能"加码吃苦"，越能"人前风光"。

看到他有这样的感悟，我高兴极了。这是一个借用契机，培养孩子在学习中学会吃苦的例子。在这个过程中，我其实采用了一些教育孩子的技巧。

第一，孩子有主动学习的举动，一定要不吝啬言辞，要大加表扬，这样才会固化和鼓励他的主动自觉精神。

第二，孩子在学习上有不足，千万不要急着指出来（这是不少家长的通病，他们的眼睛太亮了，一眼就看出了孩子的毛病；他们的舌头太快了，一下就把问题指出来）。这样的结果会如何呢？必然让孩子没有成就感，也缺乏信心。这时候，他怎么会有学习的积极性呢？

那么，该怎么办呢？此时就要采取我们前面讲过的"三明治"批评方法，在否定之前先肯定，这样孩子才能听得进你的意见。

第三，有耐心，不要追求"毕其功于一役"，要学会把一步路分成几步走。

就拿这次引导牧天改作文来说吧。他说第一稿是惨不忍睹，并问我当时怎么没有指出他写得不够好时，我并没有回答他。实际上，这篇文章的初稿的确有不少问题，但是我没有把所有的问题都说出来，而是一次只让他改一部分。这样改好一部分，又引导他改剩下的一部分，直到全部改好。这样，就像打电子游戏一样，得一关一关来过，我这样一步一步让孩子改变和提高，孩子不会觉得压力太大，同时他会感觉每一步都有成就感和快乐感。达到这样的效果，不是更好吗？

第四，进一步引导孩子去创造更成功的感觉。如引导他主动去投稿，文章被发表了。这样，他多了一份"人前风光"的喜悦，是不是下次更愿意"吃苦"呢？让孩子在学习上自觉，引导孩子乐于"吃苦"，也是一门学问呀！

3. 学习是为了成就自己

让孩子从"要我学"到"我要学"，在根本上认识到，学习不是为了别人，而是为了成就自己，也是我们教育牧天时最深的体会之一。可以说，从小学到初中，牧天在我们的引导下，学习成绩总体还可以，但是有时候起伏也很大。

高一的时候，牧天的成绩急剧下降，我们才发现他一直没有解决学习的原动力问题。幸运的是，我们让他到一个贫困但非常刻苦自觉的同学李腾芳家中，与之一起生活，在那位优秀同学的引导下，牧天才真正形成了"我要学"的状态（详见第二章）。那么，这样的状态，能永久保持吗？会不会遭遇挑战呢？

后来他真的遭遇挑战了，而这份挑战，竟然有点儿奇葩：牧天在美国上高三的时候，他的主动精神，反倒遭遇了刁难，这份刁难让他难受到要放弃一门课程。

在我们的教育中，一直倡导要主动自觉，牧天也因此收获很大。对主动自觉的孩子应该鼓励赞扬，不是吗？我想，任何人都不会对此有异议。但是，谁能料到，牧天的一位老师不仅不提倡这样做，还对牧天这样的行为进行不断打击。更没有料到，发生这一情况的地方，竟然是在倡导主动精神的美国中学！

在美国学习时，牧天的数学成绩一直不错，所以他对自己学好这门课是很有信心的。但没有想到的是，虽然他的课堂练习、测试和作业成绩都不错，但数学老师总是挑他的刺！

有一天，他在家提前预习了一些公式和定理，并且将它们运用到了第二天的作业中。由于有这些公式和定理帮忙，他很快就完成了作业。

他们检查作业的方式是这样的：老师把每一道题的最终答案用幻灯片放映出来，然后学生自己用红笔检查，并且给自己打分，最后再把作业上交，老师粗略地看一遍，再把作业得分发到网上。

第二天，老师一边放幻灯片，牧天一边对答案，越对心里越激动——居然一道题都没错！他有些得意地在自己的作业上写了个大大的"100"分，然后交了上去，心里想：嘿，真简单，一点儿压力都没有！没有想到，他还没回到座位，老师就又把他叫了回去："这些公式你是怎么知道的？"他想都没想，就回答说："我昨晚预习了。"

原以为会得到老师的夸奖，没想到老师的一句话，让牧天的心一下子跌到了谷底："谁让你用的？我还没教你就用，这是违规！以后在我的课堂上，我准你用你才能用！"说完，他毫不留情地把牧天写下的100分划掉，然后画了个大大的"鸭蛋"。

牧天一下子傻眼了，那一瞬间，牧天真想在地上挖个洞钻进去。他还没来得及辩解，老师就对着全班同学说："你们都给我记住他犯的错误！这是我的课堂，我不允许你们肆意妄为！"那一刻，牧天说他钻洞的心思都没了，而是恨不得把挖洞的泥巴扔到这个可恶的老师脸上，然后扬长而去。

还有一次，上微积分课，牧天认认真真地做了笔记，整整齐齐地放在文件夹里，交了上去。结果发回来的时候，笔记上多了几行字——"（这笔记）是不可接受的，笔记必须订起来。"就因为没订起来，牧天辛辛苦苦做的笔记被打了零分。

牧天去找他理论，他却说："你不装订起来，就只是notes（笔记），不是notebook（笔记本），我要求你们交的是笔记本。"牧天当时差点儿要崩溃了，这是什么逻辑啊？

后来牧天才知道，这位老师并不是只针对牧天，他在学校执教二十多年，一直就以尖酸刻薄出名，几乎所有学生都不喜欢他。甚至还有同学告诉牧天，当年他的爸爸在这里上学时，就曾经不止一次领教过这位老师的厉害和挑剔。

刚开始时，牧天十分痛苦，也很难接受这种事情：同样一所学校，既有历史老师Herman那种倡导主动精神的老师，也有物理老师Shetler那种倡导学生独立思考的老师，怎么还有像数学老师这种刁蛮无理的人呢？后来牧天实在忍不住了，就把这一情况告诉了我们。对此，我们一方面很同情牧天，另一方面希望牧天不要计较太多，要学会调适自己。我还将韩国电视剧《大长今》的情节与牧天分享。小长今在刚入宫的时候，遭到韩尚宫一次又一次的"刁难"，去打一杯水，都要求不一样的心情。后来，小长今不是成长得比任何人都强吗？最后才发现韩尚宫是最关心她的人。

牧天听了我们的话，也进行了一定的调整。但是那个老师看起来可不像是韩尚宫，他的一些做法，真的只能用"刁难"来形容。这时候我们决定不劝牧天了，他提出想换老师和课程，我们也表示尊重他的意见。令我们惊讶的是，过了几天，牧天却告诉我们，他不换课也不换老师，而且课程还要学到最好。

老师并没有变，但牧天的心态变了。他是如何想通并做到最好的呢？

我们看一下他在《管好自己就能飞》中的描述。

我很失望，甚至都想放弃这门课程。那天我都走到导师办公室准备申请换课了，但是在敲门之前，我一下子停住了，似乎有个声音在问我："你是在为老师学习吗？既然不是，那你为什么要在意老师的态度？"

想明白了这一点，我心里也就不再计较什么。不管老师怎么说、怎么对我，我只要坚持做好自己的事情就好。于是我的手在就要推开门的那一刻停住了。我下定决心，不仅不换老师和课程，而且还要学到最好！我不仅要让高三的数学能过关，而且要提前学习。

我很高兴牧天能作出这样的决定，同时也建议他通过这件事，锻炼自己，把摆在面前的挑战，当成提升自己心性的机会。

几天后，他很高兴地告诉我，他看到一篇文章，主题是"合理的是训练，不合理的是磨炼"，豁然开朗。不管对方是否公平合理，这都可以看作是锻炼自己心性和素养的机会。举例来说，老师说"你不装订好，那就只是notes（笔记），不是notebook（笔记本），我要求你们交的是笔记本"，这是不是也有一定的合理性呢？是不是也能让自己更严谨呢？

对此，我更欣赏和认同，为了鼓励他，我把星云大师的一段话发给他，内容如下。

学习的四重境界：

• 上等学子，能接受师长的折磨，忍耐上进；

• 中等学子，能接受师长的鼓励，奋发图强；

• 下等学子，能接受师长的赞美，爱中成长；

●劣等学子，什么都不能够接受，一事无成。

（注：师指老师，长指长辈、领导）

那么，后来的结果如何呢？

牧天不仅以优秀的成绩学完了中学数学，而且提前学习了大学一年级的数学课程。他参加了AP微积分考试，拿到了5分的满分成绩！这意味着，一上大学就能抵了相应的学分！这段经历，不仅让牧天感受到"为自己学习"的重要性，也促进了牧天心性的成熟。

通过探索，我们发现，家长们需要引导孩子学习的工作之一就是让孩子充分认识到学习的价值。当孩子还难以一下有很高的觉悟的时候，我们还可以教育他："当你还谈不上为社会作大的贡献的时候，起码要明白'为自己而读好书'。"

在生活中，我们经常听到妈妈向孩子抱怨："我所做的一切都是为了你，你再不好好读书对得起我吗？"孩子的反应则是："我读书就是为了我妈，要不是她逼我，我才不想读呢。"

当孩子觉得是因为父母的逼迫才不得不读书，那么学习就不会有自觉性和乐趣。因此，我们要给孩子传递一种正确的观念，学习是为了获得知识，而知识既能让我们拥有解决问题的能力，也能让自己过好这一生。

当然，从更高的层面讲，我们要激励孩子成为对社会有贡献的人。比如像小学语文课本中讲到的周恩来总理，从小就树立"为中华之崛起而读书"的理想。再如在2020年新冠肺炎期间，我看见有位妈妈教育自己的孩子："你说读书到底有什么用？你看，好好读书，就能成为钟南山爷爷那样的专家，救助更多的人。"

这当然是最好的引导，无论是低级的引导还是高级的引导，我们都要让孩子切身感受到知识的作用和力量，这样才能真正激发孩子内心自觉的求知欲。

第十一章

自觉解决问题：方法总比问题多

在发达国家，独立解决问题的能力是最受重视的能力之一。

很多家长在教育孩子的过程中，有一些明显而且普遍的毛病：他们认为学习成绩是唯一重要的，而解决问题的能力，总是得不到应有的重视；还有一些家长越俎代庖，把应该由孩子自己思考和解决的问题，大包大揽帮忙做了。这样一来，孩子往往难以适应社会，更难以适应未来的挑战。

实际上，让孩子学会主动解决问题，是家长最需要做的工作之一。而且，如果你愿意去引导，做起来也不难。

1. 学会解决问题，从此不怕被"欺负"

记得牧天出生前后，正好有两个新闻界的朋友，也生了孩子，而且也在自己孩子的名字里带了一个"天"字。在讨论最需要给孩子进行什么能力教育时，我谈了这样一个观点：最重要的能力之一，就是培养孩子面对问题和解决问题的能力。人这一辈子，经常与问题打交道。有时，你不去找问题，问题也会来找你。所以，很多时候，要么我们作为猎手，去消灭问题；要么作为猎物，被问题追逐。

在解决问题方面，中国的家长太喜欢"包办"了。不仅好吃的、好玩的、好穿的、好用的，一股脑儿都给孩子，而且该孩子解决的问题，家长总是都代办了。这样一来，孩子从小就养成了遇到困难找家长的性格特征，长大以后，遇到问题就逃避，遇到难题就绕过。父母再厉害，能管孩子一辈子吗？

爱子之心，人皆有之。没有一个父母会不担心自己的孩子被人欺负。而当今的社会环境又很复杂，这样的事情并不少见。怎么办？不少父母只好多操一点儿心，管理孩子。例如，孩子虽然很大了，但他们上学、放学，父母还要去接送，还让孩子"不要与陌生人讲话"，等等。这样做的心情是可以理解的，但也有不少弊端。尽管家长千方百计提供保护，可有时候还是防不胜防，而且过度保护也抑制了孩子的成长。与其总是让父母提供保护，不如让孩子学会自我保护的智慧。

（1）5毛钱"搞定"比自己强大的"对手"

针对孩子有可能被其他孩子欺负的问题，我们的做法是，牧天一上小学，我们就与他约法三章。

第一，不能欺负别人。

第二，别人欺负你，不要动不动就向老师告状，可以自己尝试着去解决。

第三，别人欺负你，必须告诉父母，因为父母怕你受到伤害。但是即使这样，也基本上只是跟父母通个气，问题还得自己尽量想办法解决。

约定的三项内容对孩子来说具有很大的挑战。

在牧天上小学时，问题出现了。有一天，一个叫刘湾（化名）的孩子抢了牧天刚买的7张图书卡片。那个孩子比牧天高一年级，个子也比牧天高半头，平时也经常欺负其他的孩子。

当时我们家和牧天的学校只隔了一条马路。下午5点，他垂头丧气地跑回家，告诉妈妈这个情况，委屈得都快哭了，他对妈妈说："我还没有向老师告状，也不需要妈妈出面。我想了一个方法，我想去找刘湾的妈妈，可是我不知道怎么去找，妈妈能帮助我吗？"

我当时不在家，但在教育牧天独立这方面，牧天妈妈十分配合。她先夸他："牧天，你能这样做真的不错！但是你能不能连他的妈妈都不找，就凭自己的能力解决呢？"

这一下，牧天完全泄气了，说："妈妈，这太难了！"一听这话，妈妈拿出平时教育他的话来激他了："哈哈，你说难了。如果说难，通常该怎么办呀？"他一下子反应过来了，想起那句我常教他的话，像背语录一样脱口而出："先别说难，要先问自己是否竭尽全力了。"

妈妈笑了，说："对哦，你已经竭尽全力了吗？"

他晃着脑袋不吭声了，一屁股坐到小板凳上，思考着对策。没过几分钟，他一跃而起，大叫道："哎，妈妈我知道了！你给我5毛钱，别的你就别管了。"

拿着妈妈给的5毛钱，牧天跑回了学校。很快，他就将问题圆满解决了。

当时同学们都在操场打球，刘湾也在。正是有了方法就增加了勇气，牧天走过去，一把把他拖过来："你跟我走！"不知是不是被牧天的气势震慑了，刘湾竟然乖乖地跟随牧天到了操场边的学校传达室。之后，牧天就质问他："刘湾，你知道你今天做了什么吗？你知道你成了什么人吗？"刘湾傻了，不知道怎样回答。牧天就给他扣了一个"帽子"："你抢劫，你是我们学校的第一个抢劫犯！"

听他这么一说，那孩子有点心儿慌了。接着，牧天晃了晃手中的5毛钱，说："你知道我要干什么吗？"那孩子摇头。牧天拍拍传达室桌子上的收费电话机，警告说："我现在要打110！我要告诉警察叔叔，我们学校出了第一个抢劫犯，让他们把你抓走。"

经牧天这一恐吓，刘湾赶紧"投降"了，说："求求你，你别打电话，我这就去把东西拿来还你。"于是，刘湾一阵风似的奔回教室，把7张图片，一张不少地交到牧天手上！

牧天清点好卡片，大获全胜而归，就像一个凯旋的将军，神采飞扬。

尽管这是一个发生在孩子之间的故事，其解决方式，也带着孩童式的幼稚特点，在大人那里未必管用，但这也告诉父母一个道理：孩子解决问题的能力远远比我们想象的要强。

在孩子遇到问题，尤其是被其他孩子欺负的时候，家长容易着急，有些家长甚至忍不住亲自出面解决。其实，当孩子遇到问题的时候，父母不必急着替孩子解决，而要多鼓励孩子自己想办法。例如，引导孩子思考：你觉得这个问题该如何去解决呢；相信你可以自己解决的，试试看好不好；你再想想，还有没有其他的办法可以做得更好呢？这样，就更能激发孩子解决问题的潜能。

有一天，我在北大EMBA班讲课，将牧天这个案例与大家分享，没有想到，竟引起了热烈的讨论。学员们说，这其实演绎了我们每个人遇到问题时的心理：当问题出现的时候，往往感到问题就像山一样大，但是当你蔑视困难，并下决心征服它时，最后就能把它踩到脚下，这样，你就能进入人生的新境界——山到绝顶我为峰！

说到这里，可能有读者会问，为什么牧天一说难，就要他背"先别说难，而要先问自己是否竭尽全力"呢？

这其实是因为我们懂得一个心理学原理，而采取这种方式，是要让孩子养成敢于面对问题、找出解决问题方案的习惯。这个原理很简单，许多人做事情，"太难了"往往是横在自己眼前的一个障碍，而且经常是不可逾越的障碍，正因为对这份障碍存在畏惧，很多人往往自动向问题投降。

为什么会这样呢？因为根据心理学的分析，人的行为受情感支配，畏难情绪一起，大脑就进入了被压抑的状态，怎么可能会想去解决问题？所以，优秀的人，总是能在第一时间让这个"难"字远离脑海。这样，等于搬走了压抑心灵和脑力的一块大石头，让其充分活跃，挑战困难。

只要把思考的重点，放到"自己是否竭尽全力"上面，你就会不断挖掘自己的潜能。许多以前想不到的方法会想到，许多没有采取的行动会采取，最终把问题克服，把目标完成。

（2）人有三分怕虎，虎有七分怕人

在牧天1岁时，我们把他送到湖南的山区老家生活，当时很挂念他，而且很担心他。最担心的，是怕坏人欺负他，甚至把他拐卖掉。几次流露出这种担心后，牧天的爷爷对我们讲了一段话："人有三分怕虎，虎有七分怕人。你们总怕那些干坏事的人，可是你们想过没有，那些人可能更怕惹我们啊。"

这句话非常有价值，当牧天长大一点儿后，我们便把这句话分享给了牧天，希望他在遇到"对手"的时候，不要过于害怕，要有本事反过来让"对手"畏惧自己。

有一次，九岁的牧天和七岁的表弟宇轩放学回家时，一个花店老板将花盆摆在人行道上，弟弟不小心碰坏了其中一个，老板恶狠狠地要弟弟赔偿。弟弟吓坏了，换了别的孩子可能也会吓坏了。这时牧天走过去，毫不畏惧地说："你把花盆摆到了不应该摆的地方，占了人行道，本来就是你不对，所以花盆被碰坏了，也是你自己造成的，不能怪我弟弟。你不仅不能找我弟弟要赔偿，

而且应该把别的花盆也摆回店里去。你如果不同意，那就打电话叫工商局的叔叔来评评理。"老板被他说得哑口无言。

见一个小孩教育违反规定的店主，而且赢得那么漂亮，围观的一群大人都纷纷为牧天鼓掌助威。最后，那个老板只好把牧天和他表弟放走了，而且，从那以后，他再也不把花盆放到靠近人行道的地方了。

让孩子去掉依赖，把"畏难"的情绪放到一边，只想着如何去面对问题和解决问题，不仅会让孩子提升勇气，更能激发他解决问题的能力。

2. 弱者抱怨问题，强者解决问题

在面对问题时，人总有两种态度：抱怨或解决。总是抱怨问题的是弱者，总是想法解决问题的是强者。

我是一个多年研究方法的专家，曾出版过一本发行百万册的著作《方法总比问题多》。在牧天学会解决问题的过程中，我很愿意让他接受书中的一些积极思维。

（1）只要思想不滑坡，方法总比问题多

这是《方法总比问题多》一书的核心观念，倡导的是遇到问题要积极面对，不要被问题吓住、困住。只要你下决心多想方法，问题往往就能解决。

牧天小学毕业的那年暑假，我应邀在清华大学总裁班进行这个主题的讲座，牧天也跟着去听了。一位学员看见他这么小也来听这样的课，很是惊讶。

当得知他是老师的儿子后，就对他说："你爸爸的理念，不仅对企业员工有用，对你们学生也同样有用。你这么小就听了这样的课，如果学会应用，会很有效果的。"

这位学员只是随口说说，没想到，牧天后来真的将它应用到了实践中。

从初中开始，牧天就在长沙麓山国际学校学习。该校有个很有特色的制度，高中部和初中部每周都会各有一个班轮流担任执勤工作，班主任会给学生分工，让大家帮忙管理学校的各项纪律。

秋季开学后，牧天和几个同学被分配到了食堂，管理领饭的队列秩序。这在以往并不是一件很难的事情，只需要站在一旁，管一管排队的秩序就可以。但这一学期，学校增加了很多人，食堂里人山人海。维持秩序的他们，连走动都成问题，只好放开喉咙喊，但这种方式效果极为有限。于是，他们第一天的执勤以失败告终。

大家都很灰心，甚至有同学想去跟老师申请换岗位了。垂头丧气的牧天也想这么做。这时候，他耳边突然响起了我在课堂上讲的一句话："只为成功找方法，不为失败找借口。"

这句话警醒了牧天，他同时想起听爸爸上课时学到的一些方法。牧天第二天就召集了在食堂执勤的同学，在给他们鼓劲后，组织他们一起想办法。

首先将需要解决的问题进行了分析：第一，食堂地方小，而人很多；第二，同学们排队意识不强，总想快点儿拿到饭，所以大家都往前冲；第三，很多同学不服从管理。

找到问题，就该寻找解决这三个问题的方法了。他们认为：针对第一点，可以向老师申请增加人手，在食堂排队的地方引导人流，安排同学就座；针对第二点，就要把食堂的排队纪律公告出来，让大家心里有纪律观念，并在每两排队伍之间安排一个人时时监督；针对第三点，应该严格地实施奖惩制度，遇到不服从管理的，无论是谁，都要登记名字，并扣除所在班级相应的分数。

制订这些措施后，他们立即报告给学校领导，得到校领导的支持。第二天，他们就将这些措施落实到执勤中去。这样一来，食堂的秩序比起第一天执勤时，有了很大的改进。在之后几天的执勤中，同学们也因为这些措施在管理上变得轻松了很多。老师不断表扬他们不怕困难、善于解决问题的精神。

这件事结束后，牧天十分高兴，总结了他从这一行动中收获的体会：不要躲避问题，想解决问题就能找到方法。

人是什么？人是地球上最能找借口的动物。遇到问题，不少人想到的第一个念头就是放弃。牧天和他的同学开始时都是这样的。但是，当他想起爸爸"只为成功找方法，不为失败找借口"的话，转而直面问题。通过与大家一起想方法的方式，找到了正确的方法。这说明什么？说明每个人都有解决问题的潜能，只要你愿意去开发，就能开发出来。

（2）弱者总抱怨，强者找办法

一年暑假，为了学习中国传统文化中的禅宗智慧，牧天专门拜访了以倡导"生活禅"闻名的柏林寺。该寺的明海方丈毕业于北京大学哲学系，曾著有

《禅心三无》等著作，并开设"禅与企业管理"的讲座，吸引了包括中欧商学院众多学员、王老吉等著名企业的众多高级管理者学习。进行自我管理学习的牧天，当然要向明海方丈请教。

牧天提到了一个问题：在当今的社会，抱怨成为一个很普遍也很不好的社会现象，而明海方丈提出的"禅心三无"理念中，最难做到又最该做到的，就是"现在无怨"，那么要怎样落实呢？

明海方丈说："生活中的烦心事，就好比你前行路上的一块石头，只有软弱的人才会用抱怨来逃避它，而这样是没有用的。一个强大的人会走过去，看看这块石头是什么，然后搬开它，甚至利用它。一个人学会了承担，就不会抱怨。"牧天深受启发，并写出《禅心三乐》一文，在"解决之乐"一节中，他提出"弱者抱怨世界，强者解决问题"的观点，并阐述说："抱怨是永远解决不了问题的，只有弱者才会去抱怨，一个强大的人，应当去解决问题。"

那么，他有哪些具体的感悟和做法呢？

有一次，牧天与一群湖南的中学生参加旅行团去旅行，到了旅游景区时遇到一个问题：伙食非常差。大家便抱怨连连了，宁愿去吃泡面都不愿意吃旅行团提供的饭，甚至有的人为此和导游吵架，闹着要退团。导游也着急，不知道如何解决这个问题。

这可怎么办呢？牧天突然意识到，光抱怨是没有用的，因为抱怨不会在桌上变出他们爱吃的菜，反而会弄坏大家旅行的好心情。于是当天晚上，牧天主动和导游沟通："导游姐姐，大家都反映这里的饭菜不好吃，甚至有些营员都去买泡面了。所以我想，您能不能和这边的饭店沟通一下，让他们帮我们把饭菜稍微做好一些，大家也都表示愿意为此多出一点儿钱（之前他特意问了大家的想法）。另外，我们都是湖南人，能否提供一点儿老干妈之类的辣椒，这样大家也好下饭。"他还表示，有时候，同学们想自由活动一下，如果导游怕同学乱跑，他可以帮她暂时管管，让她不要过分担心。

导游一听，觉得很合理，就立即和饭店沟通，最后，问题得到了解决——伙食改善了，大家也很高兴。旅行要结束的时候，导游对牧天表示由衷的感谢，并称赞说："你很出色，别人都在抱怨，就你来跟我讨论怎么解决问题。"

这件事结束后，牧天进一步激励自己："遇到问题、烦恼时，我们一定不要去抱怨，因为抱怨不仅解决不了问题，而且只会让我们越来越弱小。我们只有学会了主动解决问题，才能成为一个强大、快乐的人。"

3. 掌握"找方法"的方法

我们提倡对孩子进行方法教育，最好是多掌握一些有效的方法，但是具体方法往往是有限的，那么能不能"找方法的方法"，让孩子从不够聪明到聪明，从聪明到更聪明呢？当然是有的，总结起来就是三大要点。

第一，总有更多的方法。

面对问题，起码要想出三种以上的方法来。因为只有一种方法，会别无选择，只有两种方法，会进退维谷。有三种方法，才有选择的余地。

第二，总有更好的方法。

不要满足已有的方法，而要想也许下一个方法会更好。日本当代最有名的企业家、创新家、"经营之圣"稻盛和夫有句名言："'这样做真的好吗？有没有更好的方法？'用这种眼光去审视，哪怕做一件杂差也有无限的改进空间。"

第三，总有最好的方法。

在想出的多种方法中做比较，选出最好的方法来。

这三句话既好记，又十分管用，对解决问题具有很重要的作用。我们对牧天的方法学教育，是从小学开始的。他不仅记住了这套方法学，而且运用得十分好。例如牧天在遭遇绑架时，他会想出多种解决方法，硬拼、呼喊等，后来发现这不是"最好的方法"，最后采取了既不会给自己带来伤害，又能快速逃脱的方法。一旦孩子形成了这种思维习惯，在任何时候遇到任何问题，这种思维都能为他提供指导。

在实践"找方法的方法"时，要格外注意避免一种常见的"非此即彼"的错误——"要么只能这样，要么只能那样"。在教育孩子改善思维方式的过程中，我们格外强调，如果不能从这种机械死板的思维中走出来，是很难找出"更好、最好"的方法来的。那么怎么办呢？犹太人的一句名言，可以作为有效的指导："当两条路摆在面前的时候，选择第三条。"

在牧天上大学不久，他的《管好自己就能飞》出版了，他写文章的水平也得到进一步提高。但是，没有想到，他竟然受到一次意想不到的羞辱。

他的英文写作课老师是个亚裔女老师。一天下课后，老师叫他到办公室，他一进去，老师就一脸"鄙视"地问："这作文是不是你自己写的？"牧天一愣，答："是的，怎么了？"老师一声冷笑，说："不可能，你不可能写得这么好。你们这群中国人，就会耍鬼点子，别以为我看不穿！"一听这话，牧天也很愤怒：第一，她没弄清楚事情真相就妄下定论冤枉自己。第二，即使自己有错，我们中国人怎么惹你了？干吗要扯到"这群中国人"这个层面上？

他本来很想与老师吵一架，但他还是强压住火气，进行更有效的沟通。于是他问："你说我作弊，你有什么证据吗？"

老师说："我看过一篇类似的文章，跟你的很像。"

牧天说："或许只是相像而已，但这篇文章的确是我写的！"

不料这位老师变本加厉，说："你们中国人，太会玩花招了，你以为我会相信你吗？我跟你说，我随时都可以报告给学校，让学校在你档案里记一笔。"说完她露出很轻蔑的表情。

牧天理了一下思路，说："老师，你只是说看到过一篇类似的文章，并没有把握说这两篇文章是一样的，对吧？我文章里找的那些网页资料、书本资料，在我的电脑里都有存档，都有网页浏览记录，我现在就打开电脑给你看。"

牧天掏出笔记本电脑，翻开历史记录给老师看，并且把自己写这篇文章的几篇草稿都打开给老师过目，老师这下没什么话好说了。但她还是不罢休，说："你别以为这点儿事情就可以骗过我，等我找到你作弊的证据，你就死定了。"

这位老师的做法，其实已经违反了美国的法律，牧天有种想要立即举报她的冲动，让她失业得了。但是牧天想，自己的目的不是斗气，而是解决问题。于是，他反倒很温和地说："老师，可能我来得不是时候，刚好碰上你的心情不好。如果你不方便，我就改天再来，你看怎么样？"之后，他又绵里藏针地说："我觉得，刚刚你说的那些，应该不是你真实的想法，我也没有必要报告给教务处了。我先不打扰了，回头我发邮件跟你联系吧。"

其实，牧天在放低语气的同时，也是在告诉她，她指责中国人的那些话，以及诬蔑牧天作弊一事，牧天是可以告到教务处去，那么她就不会有好果子吃了。听牧天这样一说，这位老师态度立即变得温和了，客气地叫牧天先回去。

果然，那位老师在上完下一次的课后，让牧天留下来，真诚地向牧天赔礼道歉，说上次责怪牧天是因为当时处于生理期，加上刚跟朋友出去玩，喝得有点儿多，所以才会控制不住情绪乱说话。之后，她还很感谢牧天没有把事情向教务处举报，还说希望牧天也不要跟别人提起这件事。后来，她看了不少牧天的文章，真诚地夸赞他写得好，甚至有一次还请牧天一起去吃饭，并且告诉他一些在大学里写好论文的诀窍。

在遭遇不公正指责的情况下，牧天没有逞个人意气与老师闹翻，而是选择了智慧地稍作退让并让老师自己意识到过错，这就是一种处理矛盾的"四有方针"——有理、有利、有节、有情。这样，就容易达到既不怕别人"欺负"，又能更好地解决问题的目的。

在牧天处理与这位老师矛盾的过程中，换了其他孩子，可能要么与老师撕破脸皮对着来，要么忍气吞声。但是牧天把这两种方式都舍弃了，而是选择了第三条道路：一方面温和地尊重老师，另一方面坚定地表达自己的意见。老师最后不但向他道歉，之后还成了常常帮助他的人。这样的做法，跳出了"非此即彼"的思维模式，同时也体现了"总有最好的方法"。

第十二章

自觉管理效率：不做低效的努力者

孩子做事没有效率，也是家长苦恼的问题之一。

不少时候，孩子在学习和做事时，你希望他快一点儿，他却总是"磨洋工"，或者他看起来很勤劳，很吃苦，但看似勤奋的背后，隐藏着不为人知的懒惰，那就是对效率的轻视。

管理的价值就在于提高效率，一个善于自我管理的孩子，一定是主动提高效率的。他不会只是"看起来很努力"，而是行动敏捷，善于思考和总结，而且还善于向他人学习和借鉴。

1. 做个优秀的时间管理者

效率的提升，首先体现在对时间的管理上。

现代管理学之父德鲁克，是最早提出自我管理的管理学家。在他的代表作《卓有成效的管理者》中，明确提出，优秀的自我管理，必须首先管理好自己的时间。那么，对成长中的孩子而言，该如何管理时间以提高效率呢？

（1）向"拖延症"挑战，马上做与提前做

所谓"拖延症"，通俗地说就是"磨蹭"，是家长们最烦恼而且也对孩子批评得最多的问题之一。很多孩子做不成一件事，往往因为拖拉。越拖拉，就越消磨做这件事的动力。所以，我们首先要鼓励孩子做"行动的巨人"，第一步就是该做的事情马上去做。

其实，每个人都容易有磨蹭的毛病。我上学的时候，做事也常磨蹭，尤其是写作文，总是拖到最后才写，而且也写不好，有时因为无法及时交作文，放学后被老师留校。幸运的是，我遇到了一位名叫吴继承的语文老师，不仅逐步引导我写作文，而且还送了一本列宁故事的小册子给我。小册子中有个故事一下子打动了我。

列宁上小学时，每次老师布置作文，他的做法和其他小朋友，有很大区别。例如，今天星期三。老师布置大家写作文，让大家在下个星期三时交给老师。

这中间有一个星期的时间呀。许多孩子，觉得时间还早，往往就迟迟不动

笔，有的甚至拖到下星期二的晚上，才开始思考和动笔。因为匆忙，自然难以写好。而列宁却相反。他往往是第一时间就开始思考，并且很快写出来，然后不断修改。所以，每一次列宁写的作文都是质量最高的。

这个故事给了我很大的影响，从此也学会在老师布置作文的第一时间去写作文了，作文也越写越好。慢慢地，我便在学习中养成了提前学习的好习惯，将后面要上的课，先花一点儿时间预习。这样，我的成绩也越来越好，高考时考上了重点大学。

牧天也同样存在磨蹭的问题，在参加军事夏令营后，他在生活上改进了不少，但是遇到难一点儿的问题时，磨蹭的情况还会发生，为此，我把那本小册子又送给了牧天看。同时，在多方面培养他马上做事的习惯，终于帮助他改正了"拖一拖"的习惯。后来，他写出了自己的切身体会：

其实，只要自己愿意，改掉拖拉的毛病也不难，关键是行动，不管难不难，只要是应该做的，那么这一秒想到了，下一秒就应该在做了，中间不要给自己留任何找借口的时间。

另外，每当自己有拖拉的念头时，就立即告诫自己，早一秒做完，就早一秒解脱。我们都有这样的体会，要做的事情还没有做时，行动上虽然拖延着，但心里却很不安，即使是玩，也玩不痛快。既然如此，那还不如早一点儿做完，做完了，心里的石头也就放下了。

除了马上做，还有提前做。

和我当时学习一样，他还会在前一天预习第二天的课程，如果有时间，还会提前做作业。在这方面，他也做了不少工作，并一次次尝到了甜头。

在美国上高三时，他不止一次提前预习了第二天的课程。第二天上课时，老师讲的内容他基本都掌握了，听课时十分轻松。与此同时，他往往在课前就向老师要到当天的家庭作业，在老师讲课时，他可以一边听老师讲课，一边就把作业做完了。这样的及时做、提前做，哪能不处处主动呢？

（2）掌握"要事优先"法则

要事，就是重要的事。所谓要事优先，就是重要的事情，一定要放到优先的位置。这在时间管理上，有两大要求：一是在重要的事情上，要优先安排更多的时间；二是要把重要的事情，放到前面去做。但这里有个问题，重要的事，往往是较难的事情。人们往往对难的事，有躲避拖延的习惯。结果往往会先做轻松的事。这样做的结果是什么呢？

表面上看起来是做了事，实际上只是让人有一种"我没有闲着""我在努力"的错觉，不仅效率低下，而且容易错过重要的事情。牧天也曾经在这方面走过弯路。

以前，在晚上学习的时候，他喜欢先把容易的、不太重要的事情处理完，因为感觉做起来很轻松。接下来，他才开始进行看书和做难题等比较复杂而困难的事情。然而，时间越晚，他的精神也就越差，体力也消耗得越多。结果是越往后，就越觉得吃力。后来，他学到了"要事优先"的法则，把安排任务的方式调整了一下：在精神最好的时候，就先把最难理解的书和最难做的题目"搞定"。他发现，此时虽然有一些疲惫，但程度并不深，而且相对于之前的做法来说，复杂任务的处理也只花掉了较少的时间。

接下来，他就能轻轻松松地完成容易的任务，他惊喜地发现，"要事优先"的方式，让自己体会到了两大好处：一是自身的负荷会比较小；二是效率会提高很多。因此，整个过程所花的时间，也相对少了很多。

（3）协调处理时间

在与牧天交流有关思维方法的内容时，我不止一次讲到系统论，让他学会统筹兼顾。做事只有统筹兼顾，才能有条不紊，效率大增。

那么什么是统筹兼顾呢？下面有一个生动的比喻。

早上起来，你要煮面条作为早餐，还要洗脸刷牙、上厕所，而时间不够。你怎么办？效率低的人是按部就班地来，一件一件地做。效率高的人先去把煤气点燃，开始在锅里烧开水。之后，刷牙洗脸，等做完这些，锅里的水正好开了。因为面条是要水开以后放下去才好煮的。这时下面条正好。之后上厕所。等做完这件事，或许面条正好熟了。这时候，再去吃面条，时间刚刚好。

在这方面，牧天也有不少体会，如前面讲到的，在上物理课时，先提前预习，这样上课就不会特别费劲，与此同时，提前要到作业，在老师讲课的同时，就把作业做完了。

如果养成了统筹兼顾的好习惯，有时候还能化被动为主动。

有一天下午，牧天必须去学校做一个实验，但是那天，他实在太忙了，完全没有时间做必要的实验预习和准备。他本想尽快做完其他事情，在出发去学校前临时抱佛脚预习一下实验步骤，但那天出发前的三分钟，他才把其他事情忙完，起初他开始有点儿心慌，但平时学到的统筹兼顾法则，起到了作用。他突然想到，从公寓到学校停车场，路上不是还有十几分钟吗？这十几分钟如果可以利用起来，那不就可以解决这一问题了吗？于是，他立即在网上找了一个与这次实验内容一样的视频，然后在车上播放。经过十分钟视频解说的帮助，他在相当程度上达到了预习的效果。

2. 战胜心理障碍，与比自己强的人交朋友

不少孩子们身上存在一个缺陷：他们可以和比自己弱的孩子交朋友，但不太愿意与比自己强的孩子交朋友。

其实，这很好理解。因为从人性的角度讲，与自己弱的人交朋友，自己会更自在、更自信；相反，如果与比自己强的人在一起，自己会觉得有压力，也缺乏自信。我们并不反对与比自己弱的孩子交朋友，因为这很正常也能帮助他人。但是，如果只愿意和比自己弱的孩子交朋友，就容易延缓自己的成长。从提高效率的角度讲，如果能与一些比自己强的人成为朋友，也能让自己有更多上进的动力，并学到快速成长的方法。那么，我们该如何引导孩子呢？

（1）向优秀者学习并不丢脸

首先要帮助孩子战胜不认账的心理，老老实实认识到别人的优秀，并觉得向优秀者学习，是一种谦虚的美德。

在这方面，牧天也是走过弯路的。这体现在他对湄湄姐姐的不服气上。

前文讲过，湄湄是我一位同事陶小爱的女儿，从小独立，高二就去美国留学，并且学会了开飞机，现在在世界最著名的商学院——哈佛商学院读MBA。湄湄是那样优秀。当我向牧天介绍她的事迹时，牧天却不以为然。

通过进一步了解，我发现，牧天交朋友时，更愿意与比自己弱的人交朋友。我明白这样的心理。当时，我正好在写作中国传统文化小说《亲爱的孔子老师》一书，于是，便给他讲了一个故事。

子贡是孔子的弟子。有一天，孔子指出，子贡将来不会有太大的出息，而另外一位学生有更大的出息。子贡是孔子的弟子中，最聪明的人之一，他不服气，问孔子为什么这样评论自己。

孔子语重心长地对他说："子贡啊，你总喜欢与比你弱的人在一起，你是满足了自己了不起的感觉，可是，这样一来，你怎么能看得到你与更优秀的人的差距呢？又怎么有更加奋发向上的动力呢？"

子贡被孔子的这番话点醒了。从此之后变得格外谦虚，愿意更多地与比自己强的同学（如颜回）亲近。后来，子贡的确成了孔子最优秀的弟子之一。

牧天对这个故事有较大的触动，接着我趁热打铁，分享了我自己的成长心得。

"我刚毕业的时候，才20岁，许多方面都有不足，于是我结交了三个比我年龄大、各有长处的朋友，谦虚地向他们学习。例如，在新闻写作上，我向湄湄的妈妈、毕业于中国人民大学新闻专业的陶小爱请教，之后，发挥自己的风格，在23岁时，就因为报道出色，被省政府记功并在报社开庆功大会表扬，后来我还几次拿了中国新闻奖；我向在大学就开始发表诗歌、开设画展、一毕业就出版书的董宇峰学习，开始写书，之后，也写出了自己的风格，现在爸爸的作品都几十部了；我向在大学就会演讲的李溢学习演讲，现在爸爸在国内也多次进行演说，有时一场活动有几千人甚至上万人来听我的讲座。"

讲完这些后，我感慨地说："不要认为与比自己强的人交朋友、向他们学习是丢脸的事。能让自己更好成长的事，怎么会是丢脸的事呢？主动发现优秀的人比你强的地方，向他们好好学习吧，你会发现你的进步会快很多。"

牧天因此解除了心里的疙瘩，重视与比自己强的孩子交朋友。尤其是那年暑假，湄湄在美国完成高中课程的学习后回国，牧天主动与湄湄姐姐进行了近距离的交流，他才发现这位姐姐的确太值得自己学习了。于是，牧天不断研究和学习她。她的优点一直激励着他成长，后来，他高三时也如愿地作为交流生去了美国，之后被美国一所重点大学录取。

不仅如此，他甚至一直与湄湄姐姐保持联系。在他快要毕业、走向社会时，从她那儿仍然可以学到许多关于工作、创业方面的知识。包括湄湄毕业后进入花旗银行、世界银行的工作经历，考上哈佛大学商学院MBA的经历，都一步步激励着他成长。在学习、生活其他重要的方面，牧天都主动与比自己强的人交朋友。他在《做成长的主人》一书中，感慨地说：

对我们身边那些优秀的人，不管是同学还是朋友，我们都要学会珍惜，去接近他们。不要对他们不服气。只要我们愿意谦虚地向他们学习，你会发现，你可以少走许多弯路，能快速在成长的路上奔跑。

（2）别不自信，优秀者往往也很愿意提供帮助

有时候，孩子不愿意去接触比自己优秀的人，更不愿意去与他们交朋友，还出于不自信：他们很怕对方看不起自己，或者拒绝自己。实际上，这些顾虑很可能是多余的。

有一次，牧天的鼠标坏了，他本打算去买个新的，但是一个朋友对他说只是某个部位坏了，让牧天把鼠标交给他检查一下，买个配件就能修好。牧天相信他应该修得好。但是，自己也很想掌握这技术，为什么不去找他学学呢？但他又很有顾虑。因为有的同学可以帮助你，但有些技术或学习上的绝招不一定会传给你。如果自己提出来，会不会被他拒绝呢？最后，牧天还是大胆地把自己的期望说了出来，没有想到，那位同学不仅答应了，而且十分高兴。后来牧天不仅修好了鼠标，也了解了鼠标的工作原理和基本构造。

在回顾自己的成长之路时，牧天谈到这样一个感受：

很多人都会问这样一个问题："成功有没有捷径啊？"

我要告诉你，成功有些基本的手段是不能省略的，但是，从一定的角度讲，的确是有捷径的。那就是在自身努力不松懈的情况下，让优秀的人，帮你上台阶。

3. 阅人无数不如名师指路

有一个观点说得好："走万里路不如阅人无数。阅人无数不如名师指路。"的确，孩子可以独自成长，但是假如有一位导师能指导他，那么他成长的效率就会更高，成长的速度也会更快。那么，作为家长的我们，能帮助孩子做点儿什么呢？

我们要尽可能创造让孩子接近优秀人物的机会，并让孩子及时思考，学到对自己有用的东西。

有一次，著名作家、湖南文联副主席、《那山那人那狗》的作者彭见明，来看牧天的外公。牧天本来在别处玩，我们赶紧叫他回来，带上笔记本，好好记录，争取能写出一篇文章来。果然，在记录的基础上，牧天写了一篇《听著名作家彭见明谈写作高招》，其中特别提到了这位作家让他难忘的写作指导。

接下来，彭见明伯伯给我们讲了一个很有意思的故事。

一次，朱镕基总理在人民大会堂演讲，讲话的过程中听众没有一个人讲话，更没有一个人起身走动。演讲结束后，人民大会堂两边的厕所，已经排起了长队，原来，大家憋着尿，都想听完演讲再上厕所。

听完这个故事，在场的所有人无不咧嘴大笑。我心中暗暗感叹："这样的描写太生动了！"我虽然觉得写得好，但又不知道具体好在哪里。

彭见明伯伯仿佛看穿了我的心思，他解释道："这样写是有很大好处的，因为它描写了细节，而不是直白地说朱总理讲得有多好。你想想，如果你写：'朱总理讲得多么生动啊，他的语言真是博古通今……'这就没有意思了。而如果写其他听众的表现，以此来体现朱总理讲得好，那感觉可就大不一样了！"

真是一语惊醒梦中人，我就常常喜欢直白地说一件事情，而不去注意应该添加一些让人记得住的细节，所以我的文章中很少有精彩的描写。这次彭见明伯伯告诉我这样的高招，以后的描写，我肯定能做得更出色。

在此，深深地感谢彭见明伯伯。

看到这样的文章，作为家长的我们，怎么能不为他学到了好东西而高兴呢？通过这次的交流和学习，他在写作方面又上了一个台阶。

尝到这样的甜头，牧天就更愿意去接触那些优秀人士了，并从中获益。

我国著名的教育家和青少年研究专家孙云晓老师，对于牧天的自我管理探索十分欣赏，而且还主动为牧天所著的《自觉可以练出来》作序。牧天曾与孙云晓老师一起交流过，看过孙云晓老师的博客文章，也阅读过孙云晓老师的著作。他深有感触地说："孙云晓老师的许多精彩故事，以及深刻的人生哲理，都值得我好好学习和修炼。"

其中，他在日记中记录了令他印象深刻的一个故事。

在孙云晓老师11岁时，忍不住文字的诱惑，偷走了许多本来要烧掉的书，回家津津有味地看了起来。

孙云晓老师也跟着哥哥一起看，几个月后，孙云晓老师把这些书都看完了，他深深地被这些文学作品所打动、吸引，养成了读书的习惯。从那时候开始，孙云晓老师内心里，萌发了成为作家的梦想。

为了达成自己的梦想，孙云晓老师孜孜不倦地读书和写作。写日记的习惯，从15岁开始，一直坚持了40多年，直到现在都从未间断。从16岁开始，他就疯狂地创作，终于在19岁时，发表了第一篇作品。

孙云晓老师的坚持，已经让他出版了100多本书，影响了许多青少年、家长和教育者。可以说，孙云晓老师不仅达成了梦想，还超越了自己的梦想。

我有幸和孙云晓老师共进晚餐。饭桌上，我也与孙云晓老师聊到了梦想与坚持的话题。孙云晓老师强调，人一定要有梦想，而且一定要敢于付出常人做不到的坚持，才能真正实现梦想。

他把孙云晓老师的这种精神，牢牢记在了自己的"自我管理日记"和脑海中，他也经常用孙云晓老师的故事来勉励自己。我想，这就是名师指路的力量。

还有一次，孔子的第75代孙、中国孔子研究院的院长孔祥林老师去长沙出差，我知道了这个消息，就让正好放暑假，在长沙的牧天去拜访。

在交流的过程中，牧天发现，孔祥林老师不仅非常和蔼、慈祥，对中华传统文化有深入的研究，他还是一个非常有国际眼光的人——他经常研究美国、韩国、日本等国家是怎么教授我们中华传统文化的。比如，孔祥林老师说，日本高中的教材里，学生会学到《孟子》的八分之一，以及《论语》的五分之一。

牧天没有想到，中国传统文化的智慧，竟然在海外还有这么大的影响。这让他深深地感觉到，自己在这方面的学习，有着严重的不足，于是他一步步在传统文化学习上下功夫。

的确，"名师指路"能够提高孩子成长的速度，提升孩子发展的效率。那么，作为家长，需要在这方面注意什么呢？

一方面，如果有条件，尽可能给孩子创造这种与优秀的人接近的机会。如现在不少地方的周末图书馆，常有一些免费的公益讲座，这既是让孩子"充电"的机会，也是让孩子接触知名人士或专家的机会，不妨经常带孩子参加。另一方面，要让孩子学会及时记录自己的感悟。也就是说，他不能光带耳朵听，更要用心听，还必须带纸、带笔，把听到的要点记下来。

不必讳言，不少大人都不懂得记录的重要性。他们自己去听讲座时，也只是听，不习惯记录。我多年从事新闻工作，对"好记性不如烂笔头"有很深的体会。我们不仅要自己多记，随时记，也要让孩子这样去记。因为当场记下，不仅不会忘记，而且记录的过程，往往也是思考的过程，还能温故而知新。

除此之外，还要记录自己独特的感悟。在这方面，家长们可以引导孩子这样思考：你的感受是什么，你从中学到了什么，对你以后的学习或生活有什么借鉴和帮助？这其实是很关键的一点，学习必须学透，必须有自己独特的感悟，否则效果就可能大打折扣。

赢得名人或专业人士认可自己的诀窍

在与名人或专业人士打交道的过程中，有一个可能会困扰家长和孩子的问题，就是接近他们并不是最困难的事，最困难的是获得他们的认可和指点，那么该怎么办呢？关于这一点，牧天有这样的心得：

接触这些名师，有的要靠缘分，有的靠别人推荐。但是，大家也不要觉得很难，因为你也完全可以靠自己去走近他们，并且赢得他们的指点与帮助。

在《做成长的主人》一书中，牧天借助自己健身方面的一些经历，给大家提供了一些交流技巧，可供借鉴。

第一，要真诚地尊敬他们，并由衷夸赞他们。

这些夸奖，不是讨好更不是拍马屁，而是发现他们实实在在的长处，如专业优势、与众不同的特点，等等，之后不吝啬你的赞扬。

有一次，我去健身房锻炼。我本打算自己练，但我突然看到健身房里身材最魁梧的教练，他今天没有带学生。于是我心一动，想去找这位教练帮我指点指点。

我走上前去，一见面就说："教练，我一直梦想着有你这样的身材！但是据我所知，全世界能练成你这样身材的人不多，你一定是有什么独门秘籍吧？"这位教练一听，立即哈哈大笑，说："你这样说，我都不好意思了！其实我的训练方法谁都能学得会，算不上什么独门秘籍。"

我也笑着说："那你介不介意把你的方法教给我啊？我要是也能练出你这样的身材，肯定也会像你一样，让很多人羡慕嫉妒恨。"结果，这位教练很开心地答应下来，并且免费给我讲了几堂让我无比受用的健身课。

根据社会心理学的原理，每个人都希望得到别人的尊敬、赞赏。而优秀的人，往往在某些方面的确值得我们尊重与夸奖。

牧天当时的确是由衷地佩服这位教练能练就一副魁梧的身材，所以很自然地夸他。当对方得到了这样的赞扬和肯定，当然也更愿意把他最宝贵的经验传授给牧天。

第二，要学会主动与他们交流，多聊他们感兴趣的东西，以此来拉近距离。

在没有训练的时候，牧天也会时不时跟教练聊聊天，尤其是聊教练感兴趣的话题。慢慢地，教练不仅成了他的老师，也成了他的好友。因此，教练也越来越愿意帮助牧天了。

第三，要学会适当展示自己的长处，暗示对方自己有能力跟对方学好这方面的知识。

牧天的运动悟性很强，所以他总能在短时间内就明白教练强调的重点，并且能在很少的尝试次数中找到正确的方式。牧天会时不时地跟教练说："我觉得我好像掌握诀窍了。"以此来暗示教练，他的领悟之快。这样，也让教练更加愿意教他。

第四，主动向对方挖掘自己最想要、最符合自己需求的信息。

牧天一开始和那位教练沟通时，那位教练其实也并不知道该从哪里教起。但牧天会提出一些比较有针对性的问题，比如，哪些动作组合可以把背练得挺拔、一日三餐应该怎样搭配，等等。

正是因为牧天的问题针对性强，他所收到的答复也都是具体的，当然也是最能解决问题的。在掌握了这些方法后，一定要敢于实践，敢于去接近名师，敢于从他们那儿挖掘出能让自己受用的东西。有了名师指路，孩子们就能更好地走上成功的捷径。

4. 吃别人一堑，长自己一智

中国人有句很有名的话："吃一堑，长一智。"这是说人要善于从自己的每一次经历中，吸取经验与教训，尤其是那些让自己栽过跟头、走过弯路的教训。

关于这方面的教育，我们从牧天小时候就开始了。到了中学以后，随着他学习能力的提高，我们开始向他传播一个理念："能够让你收获最多的是教训，但是代价太过高昂。"那么，该怎么办呢？方法就是：吃别人一堑，长自己一智。也就是说，优秀的人，应该擅长从他人那里吸取经验与教训。

牧天明白，作为成长中的青少年，有时并非事事都要亲历，观察和分析别人如何面对问题和解决问题，也能给自己更好的借鉴。那么，如何"吃别人一堑，长自己一智"呢？

（1）对别人的经验教训，要用心去琢磨研究

德国的"铁血宰相"俾斯麦有句名言："笨蛋只会从自己的错误中吸取教

训，聪明的人则从别人的经验中获益。"这话虽然有点儿偏激，但的确说明了从别人的经验教训中学习的价值。所以，对别人的经验教训，一定要用心去琢磨研究。

一天，牧天从网上看了两期天津卫视《非你莫属》的求职节目。很快，他把感悟记下来与我们分享：

一集主人公是个姓刘的海归，她一直都是在展现自己有多么优秀，而一到主持人和几个公司的老板问到的问题让她觉得不爽的时候，她马上就会目露凶光，与人争辩，最后所有评委都给她灭了灯，没有人愿意聘用她。

好笑的是，在节目后的采访中，她竟然觉得受伤的是自己。

我又看了另一集，应聘者叫李铭筱，是南昌大学的应届毕业生。她给人的印象特别阳光，脸上一直挂着自信、真诚的微笑。

当主持人提到她的生活经历的时候，她告诉大家，她在校结了婚，还生了孩子（她当时才二十三岁），这下大家或许就开始疑惑了，觉得这个人可能对待事情都会这么冲动。然而她后来说的一句话，又让所有人都放了心："因为只要是我真的想，我就会努力去做，只要这个后果是我可以承担的。"这下就让人对她的印象不同了，因为可以看出她具备结果思维，做事并非冲动，而是冷静。

后来，一个老板问她："如果你的老板有一天让你做个设计，但是你觉得他的点子太俗了，拿出去别人肯定会笑，你会怎么办？"她的回答是："我按老板的点子做一个，自己做一个，然后让老板挑。我用实力说话。"

最后，十二个老板里，有十一个老板一直亮着灯，而唯一一个灭灯的老板是因为他们公司没有相应的岗位给她。

从这两期节目中，我能看出人与人的差别，并得出一个很重要的道理：

能力固然重要，但素养同样重要，甚至更重要。我们不仅要提升办事的本领，还要格外重视团队合作、与人打交道的本领，这样才能在社会上立足，在单位里更好地发展。

这是牧天在刚上大学一年级时写的日记。一般人可能会认为：离毕业还早着呢，有必要这么早关心职场问题吗？试问，假如孩子这么早就开始研究将来如何在社会、单位立足，努力提高发展的素养，他将来的竞争力，不是更让父母放心吗？

对于父母来说，不是要等孩子犯了错误、栽了跟头才让孩子从中吸取教训，而是可以随时让孩子从别人的教训中获得经验。

当然，让孩子从别人的经历中吸取教训，也是有技巧和方法的。

举个简单的例子，比如母子俩一起看电视，正好看了一则两个中学生因为小事起争执，最后大打出手，其中一个孩子严重受伤的新闻。不太懂得教育和引导的妈妈可能会说："现在的孩子心理素质就是差，一点儿小事就出手伤人，太不像话了，你可别跟他们学！"孩子一听，可能连话都懒得说就走开了。而聪明的妈妈则会说："这则新闻还真有意思，一点儿小事居然引发了这样的后果，真让人觉得可惜！不知道你们班上同学之间闹矛盾的时候，他们都是怎么处理的？"这样说，孩子可能就很愿意跟妈妈就这件事进行交流。然后妈妈可以再接着引导："如果遇到你和同学之间发生矛盾，你会怎么处理呢？"这样一来，孩子自然就会思考遇到类似的事情，应该采取什么样的处理方式。

（2）对别人的经验教训，要尽快用于自己的实践

在进行培训的过程中，不少人讲到"80后""90后"的特点：有触动，缺行动。牧天对此也有充分的认识。在《管好自己就能飞》一书中，就有一部分内容，是专门讲如何管理好行为的。

在与许多学弟学妹交流时，牧天向他们分享了一个自己的心得："只有变为行动的东西，才是真正属于你的东西。"

有一次，上物理讨论课时，有一个同学没有听老师讲课，开始画画，这一举动被老师的助教发现了，当即请老师过来。老师走过来，不少同学都认为这位同学肯定要受到严厉指责。不料，老师盯着他的画看了一会儿，说："画得不错！"之后还微微一笑说："能不能把这幅画送给我？我也喜欢画画，下课后来我办公室跟我聊聊你画画的技巧吧！"这话一出，大家都愣了。

那位同学从老师办公室出来后，牧天问那位同学，老师在办公室跟他说什么了。他告诉牧天，老师严厉地批评了他，他也认了错。牧天不由得惊叹：这位老师说话真有艺术性！他在课堂上给那位同学留了面子，但私下却一点儿也没有放过对他的批评与要求，因此达到了更容易让他接受的效果。

看到牧天记录这件事的日记后，我们与牧天进行了一次交流，告诉他，老师的这种做法，所体现的其实也是我们的哲人所讲的为人处世的智慧："扬

善于公堂，归过于私室。"在公开场合，要保留别人的面子甚至要多给别人面子，如果批评人，尽可能在私下的场合进行。牧天听进去了，也用到了自己的实践中。

那一年，牧天因为出书和做演讲，受到各地的欢迎。我们家乡的县教育局局长吴定辉专门到长沙去听他的讲座，之后，又安排他到县里做了系列演讲，镇里的领导也安排他去演讲，电视台还为他做系列节目。这样一来，不仅他的爷爷奶奶觉得脸上有光，他的姨、姑、叔叔等也觉得脸上有光。他们都希望牧天的表弟、表妹、堂弟、堂妹们都向他学习，于是一有机会，就纷纷提醒他们要向牧天看齐。

这自然没有错，但是无形中给那些弟弟妹妹们增加了压力。牧天发现了这一情况后，在公开场合都是感谢这些亲人对自己的器重，但又在私下一一与他们交流，希望他们别拿自己与弟弟妹妹去比较，因为这不仅可能导致自己被孤立，而且可能会使弟弟妹妹们产生逆反心理。

这样一来，这些亲人都听进了他的意见，不再拿他与弟弟妹妹们做比较，而是学会去发现和表扬每个孩子的长处，让他们自动自发地向牧天学习。

吃别人一堑，长自己一智！这样的努力，当然会进步快一些。

第十三章

自觉抵挡诱惑：自由的代价是自律

自律，就是自己约束自己。

在让孩子学会自我管理的过程中，如何让他学会自律，这是最难的事情之一。因为处于成长期的孩子，不仅判断力有限，意志力也在形成阶段，遇到诱惑和压力，总是难以自主。

但是，让孩子学会自律，是让他能够执行自我管理的关键。这就像一个木桶，中间那根箍是关键，如果箍不好，再好的木板也没法盛水。

要让孩子养成自觉的好习惯，就要把培养孩子的自律，放到重中之重的位置。

1. 抵挡诱惑的最佳方式，就是远离诱惑

当代孩子的生活，是格外幸福的，也是格外危险的。

说格外幸福，是因为他们大多享受了丰富的物质生活，而且也领略了格外多的爱。说格外危险，是因为他们遇到的诱惑很多，一不小心就容易栽到坑里。这时候，作为家长的我们，一定要帮助孩子远离诱惑。

（1）不要高估孩子的意志力，让他对诱惑远离是最科学的方式

就拿电子游戏来说吧，它既好玩又刺激，恐怕令全世界孩子都特别着迷。而一着迷就容易成瘾，危害孩子身心健康和学业。因此，沉迷电子游戏成为无数家长特别担心的诱惑。

然而，尽管家长严加防范，社会和学校也多方抵制，效果还是不尽如人意，甚至事与愿违，沉迷于电子游戏的孩子不计其数。

我们就吃过苦头，牧天曾迷过电子游戏，高一时还因为沉迷游戏而严重影响了学习。直到后来，我们想了许多办法，包括前文讲到，让他跟一个家境一般但勤奋的孩子一起生活，受到了"为自己学习"的启发，从此才戒掉了网瘾。

但让我们万万想不到的是，牧天在美国交流时，他所在的寄宿家庭，爸爸和三个小男孩都热衷于玩电子游戏。他们家有一间专门用来打电脑游戏的房间，房间里有八台电脑可以玩游戏。在空余时间里，经常是爸爸带着三个儿子一起玩。而这间游戏室，与牧天的房间只隔了一道门。得知这一情况的我们感

到很担心，这一门之隔的巨大诱惑，他能抵挡得住吗？让我们倍感欣慰的是，漫长的一年里，牧天成功地抵挡住了诱惑。

暑假和各地学生分享"自我管理"的过程中，不少学生都说自己做不到，问牧天是如何做到的。牧天总会笑吟吟地卖个关子："我先给大家讲个故事吧。"

在某个国家，女王要选一个司机。应聘的人多极了，经过一轮又一轮的筛选和淘汰，最后留下来三个候选人。

女王决定亲自对这三个人进行考核。她出了一道题目：在一个悬崖边上，放着一大袋金子。你开着车经过，你能保证在离金子多近的地方刹车，拿到那袋金子？

第一个司机说，一米以内。第二个司机说，他有把握更近一点儿，在半米以内。轮到第三个司机回答了。只见他摇摇头，坚定地说："我根本不会靠近悬崖，也不会要那金子！"

结果，被录取的是第三个司机！

讲完了这个故事，牧天清清嗓子，大声告诉现场的孩子们："我怎么能抵挡住电子游戏的诱惑呢？正是这个故事给了我极大的启示，拒绝危险和诱惑最好的方式，就是远离危险，远离诱惑！这就是诀窍！我的做法非常简单——不进那道门！"每一次他话音刚落，都会博得经久不息的掌声。

是啊，尽管我们强调要提升孩子的意志力，但不要忘记，意志力的提升是要经过时间来磨炼和检验的。青少年处于人生的成长期，坚强的意志力难以一时造就，遇到诱惑会摇摆不定，甚至抵挡不住是常有的现象。既然这样，我们先不迷信这个年龄段有强大的意志力，而是干脆不进那道门，不跨越那一步！

远离了诱惑，不就拒绝了诱惑吗？

（2）戒律是约束你的，更是保护你的

在新版《西游记》中，有这样一段台词。

唐僧对八戒语重心长地说："八戒呀，你名字叫做八戒，实际上你什么都不戒。这怎么行啊？要知道，戒律其实不是用来约束你的，恰恰是用来保护你的啊！"

我们如获至宝地把这句话郑重地转送给了牧天，同时写给他"四不"戒律：①不犯法；②不吸毒；③不早恋；④不多花时间玩游戏。

牧天在北京上英语培训班时，一天晚上跟我谈到托福考试有人卖考试答案作弊的事情，我便给他讲了个亲身经历的故事。

有一次，我们班要进行一次考试。有个老师的儿子收了一些同学的好处，从他爸爸的书桌上把题目和答案偷了出来，并泄露给了这些同学。有的同学与我关系好，问我要不要。我二话不说就拒绝了，老老实实考试。

等到考试阅卷的时候，他爸爸发现全班有很多人的答案都是一样的，于是调查并发现了这件事情。结果，不仅他儿子受到了严厉惩罚，而且所有作弊的学生全都记零分。而我，虽然这门课的成绩，在当时的班上不是最强，但因为

没有作弊，分数反而排到了最前面。

讲完这个故事，我教育牧天，在遇到考试这样很正式、很严肃的事情时，不要想着投机取巧，而要凭借自己的实力去赢得成绩。牧天把我的话牢牢记住了，严格要求自己，做任何事情都踏踏实实，决不弄虚作假。

（3）以"延迟满足"的方式培养情商

"延迟满足"，就是推迟满足那些不是非常必要的需求。

我格外重视让孩子看一些对他成长有帮助的著作。著名心理学家戈尔曼的《情商》，是研究情商理论的代表作。在牧天高一的时候。我就让他把这本书看完了。之后，我让他分享阅读此书的收获。他分享了好几点，其中一点提到，书中有个案例给他留下很深的印象。

曾经有位科学家在一家幼儿园里做了一个实验，给每个孩子发了一颗糖，并告诉他们，一个小时后才能吃。

小朋友都答应了，但实际上，真正能够做到的并不多。有的孩子想："反正现在吃和一小时后吃都一样，都是给我吃的，不如早点儿尝尝呢！"一些抵挡不住诱惑的孩子就提前把糖吃了。也有一小部分孩子，真的老老实实等到了一个小时之后才吃。

后来，科学家们对这些孩子进行了跟踪调查。结果发现，那些禁不住诱惑、提前吃糖的孩子，几乎都没有什么出息。而那些一小时之后才吃糖的孩子，大都很有成就。为什么呢？

那些忍不住先吃糖的孩子，说明他们无法抵制诱惑。那么在后来的工作、生活中，他们也很容易被诱惑牵着走，这样的人注定没有办法成大器。而那些懂得自律、能够抵挡诱惑，在一小时之后才吃糖的孩子，以后肯定也能够专心做事。他们的专注和自律，当然也会给他们带来不错的事业成就和财富回报。

从这个故事中，牧天得到一个重要的体会：

如果想要成功，就必须具备一种能力——向诱惑说"不"的能力。对于我们学生而言，身边有很多东西无时无刻不在诱惑着自己，比如说网络游戏、手机、电视甚至是早恋，这些都会分散我们的注意力。就拿早恋来说，不可否认，青春期对异性产生好感，是很正常的，而爱的确也是很美好的。但同时，这份美好肯定也会分散我们的精力。所以，不妨先把这份爱埋藏在心里，等到合适的时候再让它开花。

牧天的姐姐湄湄也曾陷入早恋，但她很快就走出来了。为了提醒牧天，她发了一段当初激励自己的话与牧天互勉：

心灵够充实，爱好够广泛，有自己切实的梦想，便不会让那朵玫瑰在心里蔓生。我稚嫩的身体还承受不了它的芬芳，心中的土壤仍需知识与经历来丰沃，如今这里的贫瘠开不出它应有的美丽。花花世界很迷人，但只有坚守心中的一片宁静，才能找到永恒的幸福。

前面我们谈到过的腾芳——牧天去他家体验过生活的尖子生，更是用"延迟满足"的办法，使自己悬崖勒马，避免了人生的败局。

那年高考之后，腾芳来到我们家，得知他考了老家县城理科第一名，我们十分高兴，祝贺他："腾芳一直这么棒，这次考试实至名归哦！"不料腾芳摆摆手，说："惭愧呢，我高二差点儿栽了大跟头。"我们急忙问他怎么回事，他跟我们分享了一个令人难以置信的故事。

高二的时候，他迷上了一本网络小说，每天晚上下了晚自习都要等着作者更新最新的章节，看完才能睡觉，不看就睡不着。

要知道，他可是平常考试都在年级排前三的！连他都会受到网络小说的诱惑，那普通的学生就更容易受到诱惑了。更不可思议的是，他自己没有手机，竟然是向别人借手机来看的。果然，在他看小说的那段时间，他在年级上退了几十个名次。

后来他警醒过来，他想出了一个能说服自己的法子，与其每天晚上那么辛苦地等着更新，严重影响了学习，还不如等到高考结束，一次性看个够。这么一想，他立即就停止了看小说，专心投入到学习中去，并成了县城的高考理科状元。

谁能抵挡诱惑，谁就能当人生的主人。从牧天到湄湄，再到腾芳，都较好地做到了这一点，所以，他们都开始成为自己人生的主人。

2. 从让人监督到自念紧箍咒

孩子面对诱惑，难以抵挡，而自己意志力又不够，怎么办?

这时候，可以与孩子达成约定：让孩子自己找人来监督他。监督他的人，可以是家长，也可以是老师和同学，或其他对他有影响的人。

在我所著的《孩子，你该如何自我保护》一书中，记录了一个成功的故事。

一个叫王舜召的初中生沉迷网络，已经到了离开网络就活不下去的程度。有时，他就泡在网吧里，一待就是一个星期，困了趴在电脑桌上睡一会儿，饿了打电话叫外卖，几乎所有的吃喝拉睡都在网吧里解决。

他自己也很想戒除网瘾，却深陷其中，无法自拔。中考期间，他好好努力了一下，考上了高中。但是他的网瘾依然常犯，无法自抑。

高中是封闭式管理，王舜召心想，这样的管理正好有利于我戒掉网瘾。虽然有时候他也很想走出校门去网吧。但是他克制着自己，甚至告诉他的老师："如果我犯了网瘾，请老师阻挠我，千万别让我出校门。"

别小看这样一个决定，它起到了很关键的作用。每当他想去网吧的时候，老师都会及时阻止他。尽管他找出多种理由，老师回答他的只有一个字——"不"。每当被阻止的时候，他心中也是不爽的，但是，他不能不接受老师的命令，因为是自己有言在先，要求老师这样做的。

就这样，他整整煎熬了两年，度过了最难熬的日子，终于彻底戒除了网瘾，全身心投入到学习中来，最后以优异的成绩考上了大学。

牧天在美国学习时，也发现有一种通过向人袒露自己毛病、让人监督自己的方法，虽然看起来好笑，但实际上很有用。

具体怎么操作呢？以一个人上厕所不洗手的坏习惯为例，每次忘记洗手，就对自己进行一次"羞辱"，比如打开窗户对外头大喊："我上了厕所又没洗手，我好脏啊！"又如，跟自己当天遇到的前十个朋友说："我刚刚上厕所又没洗手，真丢人呀。"

每个人都有羞耻心，如果能够真正做到每次犯了坏毛病时都当众羞辱自己，那么不仅自己的羞耻心会帮他下意识地改变这种坏毛病，别人也能给他形成有效的监督。

当然，最好的方式，不是别人监督自己，而是自己监督自己。我把这种方式通俗地称为"自念紧箍咒"。这种方式让牧天彻底地养成了坚持记自我管理日记的习惯。

我在前面提过，牧天考上大学后，一时放松，有段时间拖了十多天没有写日记，我便写了一封5000字的长信与他交流，让他充分意识到"放弃只要一分钟，坚持却需一辈子"，不要把这好不容易养成的好习惯放弃了。他受到很大的触动，一咬牙，终于将这十多篇总结补上了。他在当天的日记中写道："在按下发送键的那一刻，我倍感轻松！"

看着他终于补回来的日记，我被他逗笑之后又陷入了思考，写自我管理日记的一个重要目的，就是要做第二天的计划，第二天要检查前一天计划的落实情况，如果都拖延到一起发，就失去当初写总结的初衷了。于是，我进一步与牧天进行了交流，发现牧天实际上是希望将这好习惯坚持下去的，之所以拖沓，根本上还是因为惰性。

那么，能不能制订一定的措施，彻底把这一问题解决呢？

于是在新学期，我们就与牧天约定，每篇日记都得及时发，如果当天有急事没能及时发，必须保证第二天补发。而且，每月允许拖到第二天补发的"份额"不超过三次。否则，就要受到惩罚，并且让牧天自己拿出一个方案来。

牧天沉吟了片刻，说道："那就这样吧——每拖一次，在我的生活费中扣掉100美元！"100美元，就是人民币600多元。每拖一次，就要被罚600多元，600多元对一个学生来说，不是一笔小数目。之后，牧天再也没有拖拉过。写作自我管理日记的习惯就这样坚持下来了。

在对牧天进行自我管理教育时，绝大多数情况下，都是以启发式教育为主。如果他做得不好，偶尔也会用经济手段制裁。

我记得这样一句名言："管理就是一种严肃的爱。"在这方面，父母不仅要下决心严，而且还要严得有措施、有方法。但是，如何惩罚，要与孩子商量着来。一旦定下了惩罚措施，就一定要执行。

我很欣慰牧天能自念紧箍咒。这样，我们的管理就会与他的自我管理双管齐下。到最后，家长的管理其实就会变得越来越不必要了。因为孩子已经充分体会到管好自己就能飞的好处了。

3. 事业应该往上比，生活可以往下比

分析孩子为何难以做到自律，其中有个至关重要的原因，就是不会处理追

求事业与追求生活享受的关系：凡是以追求事业为先的，往往因为有对目标的追求，而容易自律；凡是追求个人享受的，往往就放任自己。所以，我们要让孩子学会正确处理这两者的关系。

（1）不换手机：不为惜财为惜福

牧天在北京参加英语培训班时，发生了一起"手机风波"。牧天手机的一些零件已坏了，在没有与我商量的情况下，牧天妈妈准备为牧天买一部新手机，我因此严厉批评了牧天和他妈妈，只同意牧天修理一下手机。

的确，我当时指责他是有误会的，批评的方式也很激烈，后来我好好进行了反思。但是，我当时的出发点是不希望孩子养成讲究生活享受的习惯。因为我看过太多因为讲究生活享受，导致学习与事业大受影响的例子。

牧天当时既伤心又委屈，到后来哭起来了。牧天的泪水让我的心软了下来，我并没有错过教育牧天的机会，与牧天进行了长谈，讲了自己在中学时的艰苦经历。

高考那一年，我在学校寄宿，但是家里很穷，只有一件秋衣，洗了就没衣服换了。为了让洗了的秋衣快点儿干，只能请村里的低年级同学替我带回家，让妈妈帮我用火烘干，第二天再带回学校。裤子也只有一条像样的，有一次走路时不小心摔了一跤，裤子破了一个洞，当时紧张得好像头顶上打了一个雷。

没有像样的鞋子穿，赤脚走路被玻璃扎了一个大洞，后来妈妈要带我去商店买一双拖鞋，但是我一看价格，需要一块钱（一块钱在当时的家里是一大笔钱），我坚决不要，扭头就走……

这些经历，我以前从来没有说过，牧天听起来就像听天书一样，但是，他知道我不会讲假话。他问："难道你那时就没让爷爷奶奶帮你买过什么吗？"

"纯粹生活上的东西，的确什么都没有买过。只有一次……"

"那是什么？"

"你奶奶帮我买了一瓶补脑液，我接受了。原因是已经买了，并且当时用脑过度，的确需要补一下脑力。"

我很难忘记当时自己拿补脑液那天的情景。当时流行绿军裤，几乎所有的同学都有，自己却没有。但是，我握着补脑液说，不要紧，我要的是成绩。果然那一年，我虽然在全县最偏僻的一个学校，却以全县文科第一名的成绩，考上了重点大学……

"那你上大学以后呢？"他又问。

我告诉他："上大学以后当然好多了。我们那时上大学伙食费是国家负担的。但我们家是一个贫困家庭，条件还是有限的。我是班上唯一到毕业都没有穿过皮鞋的人，也是到了大学第三年才穿上棉大衣的。而那件棉大衣，是我发表了第一篇作品，拿稿费去买的……"

这样的"忆苦思甜"，对牧天有很大触动。但是，时代已经变化了，仅仅谈过去是不够的，于是我又讲述了李嘉诚对待儿子的故事。

作为华人首富，李嘉诚当然是不缺钱的，但是他的孩子在美国读书时，照样是骑着自行车。李嘉诚去看他们，他们匆忙骑车来见，都累得满脸汗水，和普通家庭的孩子没有两样……

讲完这些，我问他："你知道爸爸为什么要给你讲这些，为什么不让你买新手机吗？"牧天点点头又摇摇头。

我说："一点一滴当思来之不易，不为惜财为惜福。爸爸不是心疼买手机的钱，而是怕你不懂得珍惜你拥有的福气。如果你认为父母的条件好，就可以随便不珍惜现在拥有的东西，不就是在损害自己的福气吗？"

牧天想通了，没有再要求买新手机，还是拿着原来的旧手机使用。

这件事过后不久，湖南卫视正好放了一期节目，这期节目，介绍的是我高考那年的班主任黄景湘老师。黄老师结合多年的教育体会，送了所有成长中的青少年学生一句话："事业上要往上比，生活上要向下比。"

牧天看了这期节目，感触更深了。放假回家时，他还让我专门带他去拜访了黄爷爷。他不仅从黄爷爷那里学到了许多学习和为人处世的道理，还从一个细节中受到了激励：尽管已经快90岁了，黄爷爷仍笔耕不辍，写作和出版了几本诗文集。

回来后，他很激动地说："爸爸妈妈，我知道该如何去做了。处于我们这个年龄阶段，我们总是经常比较的。如果比较谁钱多，好东西多，我心里可能会纠结，但是如果比事业，只要我更努力，我就更能实现人生价值，也更能赢得他人的认可。"之后，他把"事业上要往上比，生活上要向下比"两句话，作为时常"敲打"自己的格言。

（2）常感谢拥有，少抱怨不足

在事业上加倍努力，在生活上尽可能不去计较的原则，在牧天到了美国后，就体现得更为明显了。上大学一年级时，他在繁重的学习之余，会主动到学校的食堂打工。下面是他的一则"打工日记"。

关键词　赚钱真辛苦，花钱当思赚钱时

这个学期，一方面为了锻炼自己的工作能力，另一方面为了给爸爸妈妈减轻一些负担，我找了一份勤工俭学的工作：在学校的食堂打工。

接受任务分配时，我又被分配到了工作量相当繁重的洗碗间。每个小时能有几美元的工资，还有一个好处就是能免费大吃一顿。

今天是周四，伙食往往是一周内最好的。今晚的汤面给的牛肉比以往给的都大方，今晚的蔬菜比以往都丰盛……更好的是，由于工作餐是在食堂开门之前吃的，所以我们不用抢，可以任意吃，我自然也吃得非常饱。但是，到我该干活的时候，我就好像陷入了无边的黑暗：菜越丰富越好吃，也意味着来食堂吃饭的人越多，意味着我这几个小时内有洗不完的盘子！

我们要把别人没吃完的东西分类倒掉，然后把盘子初步冲洗一遍，然后摞起来，放到送往洗碗机的传送带上。我们把盘子上的脏东西都冲洗到一个水槽里，那水槽里的水本来还是清澈、透明的，洗着洗着水就变脏了。那水的颜色……我真的不想形容，再加上各种酱料混合在一起的恶心味道，我不禁联想到了一个几十年没洗过脚的人刚洗了脚的水！（当然，每个碗我们都是会洗干净的。）

终于，我熬完了这几个小时下班。我立马脱掉工作服、摘掉帽子，然后加快脚步，巴不得早一秒离开这个鬼地方。从离开食堂直到回家，我满脑子都是碗碟在天空中飞舞的景象。

回到宿舍，我仅仅小睡了半小时，就不得不爬起来继续学习了。因为，我还有不少作业没有做。不做，课程就会落下啊！

我真正体验到了劳动的艰辛。赚钱，其实是真的不容易啊。我想起我小的时候，爸爸在北京开拓事业，妈妈带着我在长沙，有时想要多吃点儿肉，妈妈都会犹豫一下，有几天，她为了多赚稿费，没日没夜地写，把手指头都敲肿了。

我又想起在英语培训班学习时，我的手机出了毛病，妈妈对我说好，我们要重新买一个新的手机，结果爸爸发现了，坚决不让买，后来只是让我修好接着用。当时我还有些不理解，大哭了一场。当我真正开始赚钱的时候，我才深深感到赚钱的不容易！

我想，不仅是我，还有许多同学，当我们不会赚钱的时候，不要嫌弃父母没有给你更多的钱，不要想花就花，要明白，一角一元，其实都是来之不易啊！以后花钱的时候，我得多想想赚钱的时候啊！

打工的那段时间，他真的非常辛苦。要赚钱，还不能落下功课，而且还要每天发日记给我们。有一天，我实在不忍心，问他是不是受不了，对这样的状态会抱怨吗？他就发了这样一则日记给我们。

今天我在网上看到一张图片，是一个身着脏衣的小娃娃吃方便面的图片。

图下面配了一段话。

记者说："平常少给孩子吃这些油炸的东西，对身体不好。"

那对夫妇说："放心吧，我们不常吃，今天是孩子生日所以给他煮一包，平常我们是不舍得吃的。"

看到这张图和这段话，我心里有一种说不出的难受和怜悯。

我想，世界各地肯定还有许多人，像画面上的这家人一样，吃不好穿不好。只要想想他们，我们就该丢掉所有的抱怨，处处学会感恩了。而且，将来我一定要成功，以我的能力去帮助那些需要食物、衣服、房子和爱的人们。

看到这篇日记，我们在感动之余也为孩子感到欣慰。这个时代抱怨的人太多了，感恩的人太少。抱怨的人，往往生活得不幸福，而感恩的人，往往能珍惜自己所拥有的东西。

当牧天在生活上不对比、不攀比，而在学习和事业上保持追求的时候，我们觉得，他不仅更加成熟了，也找到了把握成功与幸福的钥匙。

第十四章

自觉处理好人际关系：让阻力少下去，让助力多起来

不太会处理人际关系，是当代中国孩子最大的问题之一。这种情况很多时候在于我们家长过于宠爱孩子，这在某种程度上培养了他们的"自我中心病"。

要自觉处理好人际关系，首先就要让孩子从自我中心中走出来，学会先尊重他人，先对他人付出，如此一来，尊重引起尊重、在乎带来在乎，他们也会越来越受欢迎，朋友也会越来越多。

1. 让朋友越来越多的"先付法则"

一个人人际关系不好，往往是源于人际关系观不对。每一个孩子都希望别人对自己好。但是，不少孩子却不知道如何先对别人好。而先对别人好，恰恰是能赢得他人对自己好的前提。我把这称为人际关系的"先付法则"。

你想别人怎样对待你，你就先怎样对待别人

牧天第一次去北京的那一年，还很小。我带他去天安门，发现有5元一个的纪念品，就递给了他100元钱："你可以买20个带回长沙送给朋友。"还问他："够不够？"不料，牧天却把手一推，不肯接钱，说："我不要。"

这举动大大出乎我的意料，忙问为什么。他气呼呼地说："他们对我又不好，我为什么要买东西给他们？"

那一瞬间，我十分震惊，也很难过，这孩子缺乏朋友！而缺乏朋友的原因，是他的人际关系观不对。于是，我决定对他进行较为全面的人际关系的教学。当时我正在写作小说《亲爱的孔子老师》，参考了《孔子家语》中的故事，我将有关故事一一与他分享。

我在清华大学讲课时，指着他正在看的清华大学校门口写的校训"自强不息，厚德载物"，告诉他，这是孔子注释《易经》乾卦和坤卦中的话："天行健，君子以自强不息。地势坤，君子以厚德载物。"前半句是处理好与自己的关系，后半句是处理好与他人的关系。我又让他看戴尔·卡耐基的《人性的弱点》，并与他讨论。

在那个假期中，我还有意识地安排了他与其他小朋友进行交流。

牧天在开学前，他写了一篇文章：《赢得朋友的五种方法——〈人性的弱点〉读后感》，从五个方面写如何赢得朋友。

我们分享其中的一条。

懂得尊重他人，才能赢得他人的尊重

前几天的一个晚上，我到楼下小卖部去买方便面和矿泉水。我买了三箱矿泉水，自己搬不动，而小卖部又有送货上门的服务，于是我就请店主帮忙送一下。

店主比我大八九岁，因为之前也常去小卖部，我和他认识有一段时间了。他的一只眼睛有白内障，脸上经常挂着自卑的表情，几乎不和任何人打招呼。

在他帮我送货的时候，我们只是点头问了好，没有别的交流。他拖着拖车在前面走，我在后面跟着。到了电梯里，看他气喘吁吁的，于是我把口袋里装着的一张面巾纸递给了他，说："真是辛苦你了！"

他先是一愣，然后接过面巾纸，露出了我认识他这么久以来，从来没有见过的微笑，那是一种发自内心的微笑。他忙说："没事儿，没事儿。"

后来，有一次跟爸爸下班回家，我大老远就看见他在提着东西准备给人送货，他提着东西向我们这边走来，我看得出，当初他脸上的自卑，已经消失了一大半。他视力可能不好，走得很近才看到我。在他看到我的那一瞬间，我笑着对他点了点头，他也露出了和那天一样开心的笑容，对我说："学习要用

功啊！"

这句话虽然很朴实，我却一下子被深深地打动了，因为我能感觉到，自己当初对他的尊重，换来了今日他对我的尊重。

我想每个人都一样，内心都是很需要尊重的。当你尊重别人，满足了别人需要尊重的愿望时，你便成了值得他尊重的人，他便会对你付出同样甚至更多的尊重。

这篇文章，虽然带着孩子写作文的稚嫩，但真实感人，抓住了人际关系的核心。所有的感悟，其实都是要说明一点：你想别人怎样对你，你就先学着怎样对待别人。这其中的关键词是"先"，其实就是人际关系的"先付法则"。

牧天有了这样的初步认识，经过不断地实践后，他的朋友越来越多了。一个小小细节，能让我们看到孩子的变化。

那一年，他从美国读高三回来，我们去机场接他。

那是他第一次出国回来，有一年多时间没有见到爸爸妈妈了，一路上他归心似箭，很想与我们在一起。与此同时，我们也急于与他见面。

阔别一年的他阳光帅气地走过来。他开心地和我们打了招呼，一眨眼的工夫又不见了人影。他去哪里了呢？等他再次回来后，我们才知道他刚才去做了一件小事。

原来，他注意到几个刚下飞机的外国旅客正站在不远处，局促不安却又满脸严肃，于是跑过去询问他们是否需要帮助。

几个外国人表示他们是第一次来长沙，本来应该出门就有人接的，但来接的人，因故要晚来一会儿，10分钟后应该就能到了，所以不需要他做什么。但牧天并没有立即离开，而是向他们热心地介绍长沙。他幽默轻松的语言，让几位外国人僵硬的表情生动起来，笑容回到了他们的脸上，他们和牧天愉快地交谈，并拉着他合影留念。

这件事算不上大事，但那一刻，我们对儿子很赞赏。他的一个习惯性的小小举动，在那个时刻，给几位异国友人带来了关心与温暖，这说明他已形成了主动关心别人的习惯。

2. 少一点儿"你应该"，多一点儿"我可以"

人际关系不和谐，往往是因为自己对别人要求得多，对自己要求得少。

假如孩子能做到走出以自我为中心，多多地为别人考虑，多多地要求自己，那些影响和谐的要素，也就消除了。

（1）越是以自我为中心，越是不受欢迎

当代的不少孩子，患有"自我中心症"，一切以自我为中心。其中一个明显的特点是对别人要求得多，却难以接受别人对自己的要求。这样的孩子，怎么能受人欢迎呢？

牧天有一个同学叫老八，他在人际交往方面处处碰壁，很少有人愿意跟他

交往。为什么会这样呢？

老八的同桌买了一个三明治、一个小餐包当早餐。老八说自己也没吃早餐，想要同桌给他一个。同桌把小餐包分给了他，他却说想要三明治。早晚本来就是同桌买给自己的，对于这样得寸进尺的要求自然有些不愿意，可没想到老八竟然把小餐包一丢，说："你怎么这么抠门！"还有一次，老八跟一群同学打篮球，由于不满意随机抽签决定的分组，竟然把在场的所有人都骂了一遍，然后转身离去。

我在湖南岳阳讲课时，一个男生也讲到他班上的一个女同学，总喜欢向他借钱，借了好久都不还，当他鼓起勇气向她开口问时，她竟然到处说他的坏话，说他小气。他十分气愤地对我说："世界上怎么有这样的人呢？自己做得不好，一点儿也不反思，反倒过来破坏我的名声。"

这些例子中主人公的做法就是以自我为中心的表现。家长一定要告诉孩子，越是以自我为中心，越是不受欢迎。

（2）少责怪他人，多要求自己

牧天在美国上大学时，与人合租房子。室友是来自世界各地的学生，我总有些担心他处理不好与室友的关系。但是，牧天在这件事情上交了一份让人十分满意的答卷——他和室友之间不仅没有矛盾，而且相处得格外和谐、美好，甚至向来对学生们要求严格的宿舍管理员，都要请他们吃饭，以资鼓励。

让我们看牧天的一则日记吧。

关键词　少一点儿"你应该"，多一点儿"我可以"

吃完中饭后，因为有空闲时间，我就向室友坤叶提出给宿舍做个大扫除。他立即响应，我们花了大约两个小时，把房间打扫得干干净净。

看着重新变得窗明几净的房子，尤其看到本来有不少油渍的厨房一下变得这么干净，我们都觉得爽极了。然后我们坐到沙发上，舒舒服服地看起电影来。电影看到一半，听到有人敲门。

一开门，发现竟然是好久不来光顾的宿管！这下我们有些紧张了，一般宿管上门拜访，要么是我们"犯事"了，要么就是他有什么东西要发给我们。

看他两手空空，我们心想这下不妙，于是赶紧请他进来坐，并且殷勤地问他要不要喝饮料。他看到我们的这些举动，觉得有些奇怪，于是说："你们别紧张，我只是来检查一下卫生，对一、二栋宿舍的卫生进行一个评比，排名前三的我今晚请吃饭。"

这可太巧了，我们刚刚做完大扫除，于是我们名正言顺地得到了奖品——免费晚餐一顿。

吃饭的时候，宿管问我们："我发现你们两个相处得非常好，好像从来不闹矛盾，每次来你们这里，房间也整理得很好。你们是怎么做到的？"

这位宿管的观察的确没错。我们周围有不少同学都反映说寝室里的关系不太融洽，有的没住多久就要换宿舍，也有人问过我们怎样处理与室友的关系。

其实很简单，我和室友关系好应该是我们都遵循"少一点儿'你应该'，多一点儿'我可以'"这一原则的结果。我们都想着自己先去尽责任，而不是要求他人，有事都能合理分担，有时甚至还抢着做。

其实这一原则不只能帮助我们处理好室友之间的关系，它也是人际交往中获得好人缘的秘诀。

牧天与室友的关系处理得好，我也亲身体验到了。

我去美国参加一项活动，准备趁此机会去看一下牧天。但是时间安排得很紧，来去匆匆，在他们学校停留的时间只有一天而已。偏偏那天牧天排满了课，抽不出时间陪我在学校参观。他安排同寝室的郭瑞同学陪我。

我去了普渡大学，郭瑞十分细致地带我参观了他们的校友、世界第一个宇航员阿姆斯特朗的纪念雕像，还去了很有特点的图书馆，随时有松鼠在身边跳来跳去的小树林……这一天的活动丰富多彩，给我留下了很多美好的印象。

我对郭瑞很感谢。晚上，我与牧天交流说："据我所知，你的同学们时间都抓得很紧，都怕浪费一点点时间。郭瑞这么舍得花时间陪我，估计与你平时对他好也分不开吧？"

牧天告诉我，有一段时间，郭瑞因为物理成绩不是特别好，所以有时会请求物理专业的牧天，给他辅导一些功课。

其实，牧天当时的时间也很紧张，要拿出时间来给他辅导，对自己的学习和生活会有影响。但是他认为帮助同学是应尽的义务，所以不仅没有拒绝过他，而且总是一直很耐心地一道题一道题地给他讲解。牧天每次给他辅导完后，他都会非常开心地拍着牧天的肩、拥抱他表示感谢。

这次我来美国，牧天在与我通话时，正好郭瑞听到了。正当牧天犯愁不知如何接待我时，郭瑞马上对牧天拍着胸脯说："这件事就交给我吧，我那天没课，我一定好好陪叔叔，你只管安心上课！"

牧天总结说："每个人都渴求得到别人的肯定，都希望别人多为自己付出一些，这是基本的人性。但在人际交往当中，一个主动为你付出的人和一个不断向你索取的人，你会选择谁当朋友？我想答案肯定是前者，一个懂得多要求自己、经常说'我可以（为你）怎样怎样'的人，肯定是一个谁都愿意接近的人；而一个总用'你应该'去要求别人怎么做的人，大概谁都会敬而远之。"

当孩子掌握了"少一点儿'你应该'，多一点儿'我可以'"的相处理念后，就会"少一点儿计较，多一点儿付出"。这样的态度人人喜欢。当孩子成长时拥有了这样的人际关系观念，家长就不会为他不善于处理人际关系而操心了。

3. 自强还得自谦，理直也可气和

在教育孩子的过程中，我结合自己多年做培训的体会，多次讲过这样的观点："做事要有力度，做人要有温度。"

为什么要强调这一点呢？就是要让某些自以为能干、自以为正直的人，能认识到自己的缺陷。这些人的确有本事，有时候也占理，但是他们认为有这些就够了，就可以不尊重、不关心别人了。而这种心态，恰恰是人际关系中要避免的。牧天在这方面体会得很深，而且也做出了不少让我高兴的事。

（1）能自强，也能自谦

自强是没有别人逼迫或诱导，自己也能不断努力进取。而自谦是要明白，天外有天，人外有人，永远要向他人学习。

十多年前，我在中国青年报社工作时，报社来了一位年轻的记者叫张坤，他很有才华，同时也很谦虚，经常对一些优秀的记者说："你太出色了！我要好好向你学习。"他不断奋进，也不断向强者取经，后来他成为中国青年报社社长、总编辑。

我向牧天讲过不少张坤的故事。在上大学前夕，牧天让我一定要介绍他认识这位敬仰已久的叔叔。于是我邀请张坤一家一起坐坐，共同交流。他们一家的表现，给牧天留下了十分深刻的印象。照他的说法："这是在享受'被肯定'的盛宴。"

张坤的儿子张哲豪，在幼儿园时就背完了《道德经》，传统文化的基础比牧天要深厚不少，但还是很谦虚地向牧天请教如何将传统文化与现代生活结合的问题，弄得牧天真有点儿不好意思。

张坤的妻子石磊，总是一边热心地关照牧天，一边不断引导牧天说出自己的成长心得，让牧天觉得很有成就感。至于张坤，每当牧天或我说一段什么话，他总是会做非常精练的总结和点评。尤其在谈到牧天的某些素养时，张坤便以采访中的一些事例来做对比。

当时牧天还没有出书，只是一个即将去美国上大学的普通学生，但他们的这份热情和尊重，让牧天在感动的同时，进一步学到了为人处世的素养。牧天感慨地在日记中写道：

张坤叔叔是很有身份的人了，可我只见过他一面，就发现他眼里、嘴里全是别人的长处。从张坤叔叔一家人身上，我真的开始懂得《道德经》中水的智慧了，而且也明白了一个新的道理：学会谦卑，尊重他人的长处，不仅不会损失自己的光，反倒能让人觉得他光芒四射。

张坤一家给牧天树立了很好的榜样。一进大学，他就在注意培养自强自信的同时，更重视自谦力的培养。

牧天进入美国普渡大学不到一个月，就碰上大学一个著名的协会招收新的会员，他立即报了名。招新会上，会长以头脑风暴的形式来测试哪些人有资格进入协会。牧天本以为会长会出一些科学技术实践方面的问题，可没想到竟然是让大家讨论如何最好地做到自我管理！

牧天一听，差点儿乐出声，心想：哈哈哈，我暑假写的那本书《管好自己就能飞》不正是讲这个吗？但在小组讨论的时候，牧天并没有一上来就发表自己早就烂熟于心的那些观点，而是胸有成竹地一一听完小组内所有人的发言后，最后一个发言的。

牧天先将刚才那些发言人的观点进行了点评、夸奖，并肯定地说，他们的发言对他很有启发。然后他进行了一个小型的"演讲"，甚至根本就没有提及自己已经写过这样一本书。当他一讲完，现场响起最热烈的掌声，会长当场表示非常看好牧天，之后牧天便加入了这个协会。这是牧天在"自强"的同时，开始学会"自谦"。

（2）学会"理直气和"

我们都知道一个词，叫做"理直气壮"，但是牧天在与人打交道的过程中，发现很多时候，并非"理直气壮"的效果最好。假如理直还能更温和、友善地与人沟通和交流，反而会达到更好的效果。于是，他写了一篇《学会理直气和》的文章，并将这一理论应用到了实践中。

他高三在美国中学交流时，有一次，一位同学听说牧天是中国来的，就跑来跟牧天说话，第一个问题就是："中国人真的吃狗肉吗？"

牧天说："我不吃，但的确有一些人吃狗肉。"

那位同学语气立即变得非常尖刻："中国人怎么这样，狗是人类最忠实的朋友，吃狗肉这种事情实在是太没良心了！"

牧天当时很气愤，对方如果只是骂自己，倒也不是什么大不了的事情，但是他指明了骂所有中国人，这一点确实让牧天非常生气。

可是他又想，毕竟这只是文化差异造成的矛盾，再说，我不是一贯主张"理直气和"吗？这么一想，牧天觉得自己没必要跟他争执了，于是压下了心头的怒气，说："我很抱歉你会因这个问题生气，但是我也希望你理解，我们的文化是完全不一样的，就像你们吃牛肉，而印度人则将牛看得跟神一样尊贵。"

牧天智慧敏捷、不卑不亢的应对，让旁边几个原本打算看中国人出洋相的人鼓起了掌，而那位同学则很不好意思地低下了头，并为他刚刚的失态道了歉。事后他经常找牧天聊天，和牧天成了不错的朋友。

牧天回来后，应交流中心的要求，写了《国际交流需要五颗心》一文。

如果我当时跟他争执起来，那么必定树敌，而我选择了包容文化差异带来的这种认识上的矛盾，并且心平气和地跟他说，希望他能够理解，结果是不是更好呢？其实，并非因为你有理，就该与人争执甚至责骂别人的。讨论胜过争执，理直还需气和啊！

4. 让别人因为我的存在而感到幸福

"人生的价值，就是让人们因我的存在而感到幸福。"这是全国著名班主任李镇西提出的名言，是他从20世纪80年代起，送给历届学生的"见面礼"，后来还成了他任教的武侯实验中学的校训。每周一的升旗仪式上，这句话都会从三千师生口中呼出，响彻云霄。

李镇西老师退休之前的"最后一课"，就是回到当初走上教育岗位的乐山市，给他教的第一届"未来班"（乐山一中初八四届1班）学生上了"最后一课"。400余名学生及"粉丝"从全国各地赶来，有的"老学生"还把自己的妻子、儿女一起带来。

看到这则新闻时，牧天感慨地说："很有幸，我是在初中的第一堂课时，从班主任周亚薇老师那里听到这个理念的。我觉得，这个由李镇西老师倡导，包括周亚薇老师在内的许多老师都在推动实践的理念，对青少年的成长，具有十分重要的作用。"牧天一直把这句话当成自己一生必须为之努力的座右铭。

那么，孩子们可以从哪些方面去实践这一理念，并通过自己的付出让别人幸福呢？

（1）让感恩的言行温暖他人

有一句话说得好："抱怨就像苍蝇鼻子上的粪，感恩就像蜜蜂嘴边的蜜。"

一个懂得感恩的人，往往是能温暖他人的人。不少孩子，对别人的付出，总认为理所当然，所以往往不懂得感恩。而牧天，则经常把别人的付出，感恩在心，而且尽可能以温暖的语言和行为予以回报。那么，感恩在哪些方面体现出来呢？那就是常存感恩之念、常说感恩之语、常有感恩之举。

刚到美国不久，寄宿家庭就带牧天和他们的三个孩子去了一次迪士尼乐园，虽然牧天的费用是自己出的，但别人能带他去做这样的体验，他就很感激了。回到家的第二天一早，牧天趁大家还在睡觉的时候，就悄悄起床了，按照食谱烤了很多饼干。一会儿，负责做饭的寄宿家庭爸爸Adam起床了，当他见到餐桌上烤好的饼干时，惊讶得不敢相信自己的眼睛。他开心地问："这是你为大家做的？"牧天笑眯眯地点头。接着，寄宿家庭的妈妈Fran和孩子们也陆续来到餐厅，高兴得一个个跑过来拥抱牧天。

牧天告诉他们："感谢你们带我去迪士尼，我用这些饼干表示我的谢意！"寄宿家庭的爸爸妈妈感动地说："旅行回来，你昨晚也和我们一样累坏了，想不到你会大早上起来为我们做早餐。你真是个懂事的好孩子。"

这件事让牧天也很高兴，他在日记中写道："感恩太重要了，不用钱也能充分表达感恩之情，是一件令人多么高兴的事呀！"

是啊，正如古人所言："感恩之心，人皆有之；感恩之人，世皆敬之。"

在体验感恩的过程中，牧天也有了越来越多自己的感悟："抱怨是对生活的诅咒，感恩是对生命的祝福。越会感恩的人，得到生活的祝福就越多。"

（2）行善可开运

让他人因为自己的存在而感到幸福，自己因此也感受到幸福与人生的价值，这就要求不带任何条件地去帮助他人。

耐人寻味的是，帮人者虽然不想要什么回报，但是有时候恰恰会得到想象不到的好回报。这体现的就是中国传统文化里面的一个重要理念：行善可开运——做好事能带来好运气。

一天，牧天在下课回宿舍的路上，看到一位老先生蹲在地上修理自行车。当时风刮得很大，大家都急着回去，但是牧天赶紧走过去，问："老先生，您遇到什么麻烦啦？是否需要我帮忙？"老先生两手一摊，说自行车链子掉了，但是自己弄了几次，还是没法把链子装回去。牧天二话不说，蹲下来，仔细研究了一下，看出了问题的症结，于是，他请老先生把后轮抬离地面。然后他鼓捣几下，链子就恢复了。

老先生开心地笑了，他告诉牧天，他是普渡大学教经济学的教授。为了表示感谢，他从口袋里掏出一张周末橄榄球赛的门票，不由分说地送给了牧天。牧天推辞不掉只好接受。

实际上，得到这张票，可真让他心花怒放，为什么呢?

美国人都很喜欢看橄榄球比赛。这是一场十分重要的主场比赛门票，十分难买，牧天周围许多朋友想要，即使多加钱也没抢到。老教授把这张很难买到的票送给他以表示感谢，使牧天得到了梦寐以求的门票!

之后，他在日记中记下了一段话："行善真好! 行善好比种下了一粒果树种子，或许在你需要食物（帮助）的时候，它就长出了果子，足够你用来充饥。你帮助了别人，别人自然会帮助你，而别人给你的帮助也许是加倍的。"

当然，此后他并不是为了得到什么好处而去帮人，但是他很难忘记这个故事，他说："这一张门票，尤其是老教授在风中重新骑上自行车向我挥手时的那张笑脸，进一步强化了我去关心别人的决心。"

（3）让"照亮别人"成为一个习惯

我们是一个格外崇尚做好事的家庭，前辈们的一些做法，无形中也影响了牧天。

有一次，牧天接受当地电视台采访，在记者问到前辈们哪些事给他留下深刻的印象时，他专门提到了他爷爷奶奶的一件事。

多年以前，大年三十傍晚，有两个乞丐，是一对母女，来到爷爷奶奶家门口要饭。如果是平常，爷爷奶奶肯定会毫不犹豫地拿饭给她们，甚至家里没有米还要去邻居家借点儿米施舍给她们。但那天是大年三十，爷爷觉得只给她们吃的还不够，于是和奶奶商量后决定，干脆让她们进来，和全家一起坐在桌子上吃年夜饭。吃完饭后，奶奶问她们准备去哪里住。

那位母亲的泪水一下就流出来了，说其实她们本想在前面一栋大房子的屋檐下借住一晚，但是那里的人怕不吉利，把她们赶走了。那位母亲问，能不能在爷爷奶奶家的屋檐下住一晚上呢？一听这话，奶奶说："你们不要走了，就在我家睡吧。"之后，就让爷爷睡到凉凳上，自己和这对母女睡在一张床上。

牧天说："爷爷奶奶讲述这件事时，没有形容那对母女当时的神情，但我能够想象到，她们一定非常感动，因为这种无私的爱，实在是太能温暖人心了。"

还有一次，牧天亲眼见到了爽英姑姑做的一件事情。

当时，爽英姑姑开车送他回家，车外在下着大雨。有人在雨中奔跑，姑姑立即从车中拿出一把伞送给那个人。那个人很客气，不愿意接受，但姑姑坚持让她拿着。车开了好远，牧天回首时，还能看见接受伞的那个人在不断挥手致意。

牧天问爽英姑姑："这个人是你的什么人呀？今天遇到你，真是她的福气。"没有料到，爽英姑姑说："我不认识她呀。"

"那你为什么送伞给她？"

姑姑笑着告诉他，不少人出门不带伞，下雨天就会淋雨。所以自己的车上经常备伞，她已经在下雨时送出很多把雨伞了。

这种不求任何回报，主动想着为别人付出的做法，让牧天很感动。爷爷在与牧天交流的时候，也常说，希望这日行小善的家风代代相传。

受到这些善行的影响，牧天也时常提醒自己，要做一个向四周散播温暖的人。除了在日常生活中关心他人，也要为社会做一点儿力所能及的事情。

有一年，我带他回老家，正逢县里开展"爱心衣橱"活动，他立即捐款2000元为贫困孩子买冬衣。这些钱，全是他从伙食费里面"抠"下来的。

还有一年暑假，他从国外回到长沙。一天，他从当地的媒体上看到一则消息，一个女学生因为家里穷困又被父亲指责，冲动之下喝下农药住进了医院，虽然素未谋面，但出于同情，他立即到医院给女学生送了几千元钱当医药费。

雅安地震发生后，他自己掏钱购买几百本自己写的《管好自己就能飞》，委托湖南芒果基金会送给雅安的每所学校。

这些事情虽然算不上很大的事，但是这种"日行小善"的家风，已不断体现在他的行为中。不仅如此，我们甚至不应只是向人行善，对世界上的其他生物，我们都应该散发温暖。

有一天，牧天开车出门时，刚到小区门口，突然有一只小鸟降落在了路中间，他赶紧踩了刹车。坐在副驾驶的朋友被牧天的急速停车吓了一跳，忙问怎么回事。他指了指前面，说："你看，前面有只小鸟，我不想撞死它。"

还有一次，他写了"主题词"为"向小猫道晚安"的一则日记，记录了这样一件事。那天晚上，他出去吃饭时，猛然抬头，看到饭店对面的马路边上有一群小猫，身材都挺消瘦。不难看出里面有几只甚至还是家猫，牧天估计它们是被主人遗弃了，所以跑到路边，待在一起相依为命。牧天对这群小猫产生了同情，于是买了一些猫可以吃的食物，装在一个大的打包盒里，放在路边给它们吃。小猫看到食物，一窝蜂地冲上去狼吞虎咽。等它们吃得差不多了，牧天转身离开。说来也奇怪，猫或许也通人性，它们都停下，扭头看着他，眼神中似乎充满着感激。牧天心里一阵感动，还忍不住向它们轻轻道了声"晚安"。

　　在当天的日记中，牧天写道：

　　我和那群小猫或许只有今晚的一面之缘，但我的那一盒饭，或许能为它们解除燃眉之急了。

　　这些事情，其实是我们都可以做的。不管是这些可怜的小动物，还是其他有困难的人，只要有可能，我们也该尽量付出。

　　勿以善小而不为。世界这么大，只要我们都能用一颗阳光的心去付出，众多的"小太阳"就一定能散发出更多的温暖。

　　我十分高兴牧天有这样的感悟。不管是学习，还是做事，抑或是对待人或世界上其他的生命，他都能主动地付出，体现出自我管理的力量。

　　衷心希望你的孩子也掌握自我管理的智慧，成为自觉型孩子。

图书在版编目（CIP）数据

你会教，孩子就自觉 / 吴甘霖著 . — 北京： 东方出版社，2020.8
ISBN 978-7-5207-1537-9

Ⅰ . ①你… Ⅱ . ①吴… Ⅲ . ①家庭教育 Ⅳ . ① G78

中国版本图书馆 CIP 数据核字（2020）第 085930 号

你会教，孩子就自觉
（ NI HUI JIAO，HAIZI JIU ZIJUE ）

作　　者：吴甘霖
策　　划：王莉莉
责任编辑：王蒙蒙
产品经理：王蒙蒙
出　　版：东方出版社
发　　行：人民东方出版传媒有限公司
地　　址：北京市朝阳区西坝河北里 51 号
邮　　编：100028
印　　刷：鸿博昊天科技有限公司
版　　次：2020 年 8 月第 1 版
印　　次：2020 年 8 月第 1 次印刷
印　　数：1—20000 册
开　　本：700 毫米 ×980 毫米 1/16
印　　张：17.5
字　　数：136 千字
书　　号：ISBN 978-7-5207-1537-9
定　　价：48.00 元
发行电话：（010）85924663 85924644 85924641
